Transtornos de Pânico

Sua aparição na sociedade de risco

Transtornos de Pânico

Sua aparição na sociedade de risco

Luciana Oliveira dos Santos

coleção clínica psicanalítica

Artesã

Transtornos de pânico: sua aparição na sociedade de risco
2ª edição - 1ª reimpressão

COORDENAÇÃO EDITORIAL
Karol Oliveira

CAPA
Karol Oliveira

DIREÇÃO DE ARTE
Tiago Rabello

DIAGRAMAÇÃO
Conrado Esteves

REVISÃO
Janaina Silva

S237 Santos, Luciana Oliveira dos, 1972-.
Transtornos de pânico : sua aparição na sociedade de risco / Luciana Oliveira dos Santos. 2. ed. – Belo Horizonte : Artesã Editora, 2021. – (Clínica psicanalítica).

216 p. ; 21 cm.

ISBN: 978-65-86140-08-8

1. Ansiedade. 2. Stress (Psicologia). 3. Fobias. 4. Medo. 5. Neuroses. 6. Pânico I. Título.

CDU 616.89

Catalogação: Aline M. Sima CRB-6/2645

IMPRESSO NO BRASIL
Printed in Brazil

(31)2511-2040 (31)99403-2227
www.artesaeditora.com.br
Rua Rio Pomba 455, Carlos Prates - Cep: 30720-290 | Belo Horizonte - MG
/artesaeditora

À memória dos meus avós,
aos meus pais,
a Linda, a Rosa, a D. Cece e ao Contardo.

Agradecimentos

A Jurandir Freire Costa, por trilhar esse caminho profissional e ético em busca do que é *humanamente útil,* motivo principal que me incentivou a segui-lo. Além disso, pelas pontuações precisas em meu trabalho, e, principalmente, pela oportunidade. Minha amizade, admiração e gratidão;

À minha família, por tudo;

A Lindair e a Rosa, que vêm me ajudando a "tecer" meu caminho profissional e os desafios em minha vida. Vocês são imprescindíveis em minha vida, vocês sabem por quê;

Ao Contardo, pela amizade, oportunidade, generosidade e incentivo. Sobretudo pelo exemplo;

A Noemi Moritz Kon, presença acolhedora, pela atenção e escuta – fundamentais na minha apropriação do trabalho – e principalmente, pelos debates, sugestões e indicações que puderam dar vida a esse livro;

A Flávio Carvalho Ferraz, pela atenção e generosidade com que leu meu texto e me indicou os caminhos para que ele fosse publicado;

A Olga Sodré; pela riqueza das sugestões e críticas ao meu trabalho;

A D. Celene, pela espera e generosidade. Sobretudo, pela presença imprescindível na minha vida;

Aos amigos reais e virtuais, com quem aprendi muito, que se dizem "panicados" e que são bem mais que isso;

A Maria Helena, na reta final, pela leitura atenta e carinhosa na revisão final do livro;

A Mary Jane Spink pela presença amiga, pela contribuição às minhas reflexões, principalmente sobre o risco e pela oportunidade de dar seguimento aos meus estudos e pesquisas;

Aos meus pacientes,

Aos meus amigos verdadeiros, que sabem quem são;

Enfim, a toda a rede amorosa da qual este livro faz parte.

1 Considerações sobre o tema

Atualmente, a alusão ao pânico é lugar comum, sobretudo nas metrópoles das sociedades ocidentais. O pânico é assunto recorrente em jornais impressos e revistas, mesmo as não especializadas e de grande circulação[1]. Reconhecidamente, o fenômeno que desperta interesse é o pânico visto como um transtorno, o que tem gerado bastante curiosidade acerca do assunto em diversos setores. Essa descrição do pânico como transtorno está em consonância com um fenômeno em pauta na atualidade: a descrição de uma série de comportamentos, afetos e sofrimentos humanos, antes explicados com base em uma pluralidade de abordagens,

1 Citamos, como ilustração, algumas matérias de um jornal impresso acerca da síndrome do pânico, por exemplo, na Folha de S. Paulo: 1) "O que é a síndrome do pânico?" (Folhateen, 2/10/2000); 2) Metrópoles criam tropas de esquisitos (01/08/2000); 3) Síndrome do pânico, TOC, fobia social, estresse pós-trauma. (10/08/2000); 4) Sob o domínio do medo (Folhateen, 26/05/2003); 5) Sintomas da síndrome do pânico (Folhateen, 26/05/2003); 6) "Sentia que todo mundo estava me observando" (Folhateen, 26/05/2003); 7) "Arritmia e síndrome do pânico têm sinais parecidos" (Folhateen, 21/09/2006), entre outras.

que vem tendo um deslocamento de sentido. Isto é, se antes havia diferentes explicações psicológicas, pedagógicas ou provenientes de uma moral leiga sobre fenômenos que assolavam o indivíduo, parece que, hoje, tais interpretações são substituídas por uma redução à sua dimensão biológica. Embora não seja restrito aos fenômenos considerados patológicos, é na psiquiatria que esse movimento parece ganhar mais força (Lima, 2004).

O transtorno de pânico permanece entre as questões mais preocupantes em termos de saúde mental e coletiva. De acordo com um estudo epidemiológico realizado em 1985, por Korff e colaboradores (*apud* Pereira, 1997) nos Estados Unidos, em três mil pessoas com mais de 18 anos, houve uma prevalência dos ataques de pânico na população em geral de, aproximadamente, 3% em um período de seis meses (p. 120). Dados do Departamento de Saúde e Serviço Social dos Estados Unidos (1992) confirmam que 16 em cada mil americanos têm ou tiveram episódios de crise de pânico alguma vez. Segundo Gentil (1996), 20% das consultas de saúde mental nos Estados Unidos se referem a esses ataques.

No Brasil, embora não disponhamos de dados tão abrangentes, o referido autor estima que até 4% da população geral brasileira pode sofrer de Pânico/Agorafobia. No que diz respeito à prevalência do pânico no contexto de serviços primários de saúde pública, em 1,4% dos pacientes atendidos diagnosticou-se acometimento por transtorno de pânico, segundo critérios de manuais de classificação psiquiátricas (*Diagnostic Statistic Manual* III). Estudos como estes revelam que no que concerne à Epidemiologia, o transtorno de pânico é uma condição bastante frequente e incita as pessoas que dele sofrem a procurar ajuda médica (Pereira, 1997).

Estudar a assim chamada síndrome do pânico passa a ser de relevante interesse.

Explicando melhor, diversos estudos assinalam que o diagnóstico "portadores da síndrome do pânico", leva a um declínio da *performance* do indivíduo em certas atividades sociais, uma maior dependência econômica em muitos casos, ou seja, trata-se de perda tanto econômica como social. Em um estudo realizado por Edlund e Swann (*apud* Pereira, 1997), constatou-se que 53% dos pacientes diagnosticados com o transtorno de pânico não trabalhavam no momento da entrevista e que 43% dentre eles estavam inaptos para o trabalho ao longo de períodos que variavam entre um mês e 25 anos. "Trata-se, então, de uma condição psicopatológica que tem uma forte repercussão nos planos individual, social, econômico e de saúde pública" (p. 121). Além disso, saindo da esfera da epidemiologia e analisando casos clínicos de diferentes psicanalistas, observa-se também o aumento dos chamados transtornos de pânico, bem como de anorexias, bulimias, toxicomanias, entre outras, ou seja, percebe-se que está havendo uma mudança clínica no perfil dos analisandos (Costa, 2000). Portanto, procede a preocupação com referência ao transtorno de pânico como um problema de saúde pública.

Quanto à etiologia, várias hipóteses têm sido apresentadas para explicar o transtorno. Em uma revisão bibliográfica realizada por Boccalandro (1997), foram mencionadas várias pesquisas acerca da síndrome do pânico no Brasil, nos Estados Unidos, no Canadá e em outros países, efetuadas nos últimos anos. A maioria delas, por médicos que pesquisaram a ligação desse transtorno a problemas cardíacos, à hipoglicemia, a alterações neurológicas e a outras doenças físicas e mentais. Isso talvez se deva ao fato de que os clientes, antes de buscarem ajuda psicológica, procurem auxílio em pronto-socorros ou em várias áreas médicas, a saber, cardiologistas, neurologistas, clínicos, em geral, e, só posteriormente, é que recorrem a um psiquiatra ou psicólogo, muitas vezes recomendados por um desses especialistas.

Vale uma questão: o transtorno de pânico sempre existiu? Segundo Ross (1995), "boa parte do conhecimento desses distúrbios só surgiu nas duas últimas décadas e ainda falta muito por descobrir sobre a predisposição genética e os fatores emocionais e ambientais que precipitam os distúrbios" (p. 125).

Ou ainda, há os autores que acreditam que o pânico está entre as doenças que foram fruto de uma fabricação da mídia, juntamente com a indústria farmacológica para vender remédios, com vistas ao lucro. Sob a acusação de que a indústria farmacêutica visaria prioritariamente ao lucro, novas enfermidades seriam criadas para esse propósito. Essa tendência do mercado farmacológico de massificar moléstias, conhecida como "medicalização da vida", vem preocupando cada vez mais profissionais da área de saúde e até profissionais da mídia em geral. No periódico científico *PLoS Medicine*, há um ataque veemente às táticas de venda das empresas farmacêuticas e a médicos e jornalistas que as utilizam (Leite, 2006).

São inegáveis a participação da mídia e o interesse com fins lucrativos dos laboratórios farmacêuticos interessados e implicados no processo, pois a criação de novas enfermidades pressupõe consumidores novos. Porém, acreditamos que, embora haja interesse da indústria farmacêutica em inventar novas moléstias para fabricação de novos remédios, e assim, atrair novos possíveis consumidores, a medicalização só ganha esse *status*, como valor social, na medida em que nos dispomos a consumi-la. Ou seja, a própria mídia deve ser incluída como co-autora nesse processo de "falsificação em massa".

Outro motivo para considerarmos essa crítica excessiva à indústria farmacêutica é que há outras panaceias biomédicas, a exemplo das pesquisas acerca do projeto genoma e das células-tronco. Enfim, como afirma Ben Goldacre (*apud* Leite, 2006), médico e autor do *Blog Bad Science:* "somos todos participantes desse jogo. Fingir que a medicalização é algo imposto a nós – por malvadas e poderosas influências externas – só enaltece um sentimento perigoso de passividade".

As novas doenças, portanto, não são unicamente fabricações de indústrias de farmacoterápicos. Supomos que são novas formas de adoecimento psíquico – entre elas, o transtorno de pânico – produzidas por mal-estares da contemporaneidade que apresentam diferentes características, ligadas às formas de subjetivação do mundo atual, algumas das quais serão detalhadas mais à frente. Nesse sentido, o transtorno de pânico faz parte dos desvios da matriz identitária da sociedade atual, ao lado de outras formas de adoecimento psíquicas, como a depressão, a bulimia, anorexia etc. (Costa, 2000, 2005).

Levando-se em conta o que foi exposto, nosso objetivo é problematizar a emergência e a difusão do transtorno de pânico, figurado como uma nova forma de sofrimento psíquico condizente com o tipo de mal-estar contemporâneo. Ou seja, nossa hipótese central é que o chamado transtorno de pânico ou síndrome do pânico nem sempre existiu, mas é algo construído, conforme Devereux (1970), quando afirma que as sociedades fornecem matrizes de normalidade e de desvio. O transtorno de pânico emerge como uma das formas desviantes de modelos de conduta prescritos e modulados pela sociedade atual. Desse modo, promovemos uma discussão a respeito do pânico para além da esfera médica e biológica e o problematizamos no campo da construção de subjetividade e de identidade[2].

Tomando por base essa hipótese, dividiremos nossa proposta em quatro capítulos. No primeiro capítulo, como *background*, temos o referencial filosófico em que nos fundamentamos, com as ideias de Wittgenstein, principalmente no seu conceito acerca dos *jogos de linguagem*. Esta noção auxilia e embasa nossa atitude de desuniversalizar algo que está sendo concebido na atualidade como transtorno ou síndrome do pânico. Essa classificação é uma terminologia psiquiátrica inventada para diversas finalidades, uma delas para propósitos unicamente pragmáticos de uniformização de distúrbios psíquicos para fins de seguros, benefícios, etc. Ou seja, algo inventado pelo homem e não algo desvendado pelo método científico, que contenha a verdade universal da raiz do que consideramos transtorno ou síndrome do pânico nos dias de hoje.

Além disso, consta do primeiro capítulo uma discussão sobre o pânico à luz da compreensão winnicottiana do processo de amadurecimento do sujeito, que aponta para a importância da previsibilidade e da confiança no ambiente para uma experiência de sua continuidade da existência. Quando há uma falha nesse processo, o pânico pode ser a saída defensiva encontrada, que diz respeito à importância

2 Essa foi a questão que gerou a minha tese de doutorado intitulada "*Transtorno de Pânico" – um estudo sobre as matrizes sociais de seu surgimento: a sociedade do risco e a construção contemporânea de bioidentidades*; desenvolvida no Instituto de Medicina Social da UERJ, em 2007, sob a orientação do Prof. Jurandir Freire Costa.

da *segurança ontológica*[3] no processo de amadurecimento psíquico dos sujeitos.

Grande parte das hipóteses atuais sobre o transtorno de pânico em psicanálise é pautada ainda no discurso da psicanálise clássica, cuja pregnância é dada à sexualidade na etiologia de tais formas de sofrimento. Fizemos a opção de utilizar a teoria winnicottiana, principalmente pelo fato de este autor ter desenvolvido sua teoria acerca do desenvolvimento afetivo primitivo da criança e se debruçado mais enfaticamente nos primórdios do desenvolvimento emocional infantil. Nesse sentido, a angústia presente no pânico se aproxima muito mais de um sujeito que não tem esse ambiente protetor; no caso, portanto, está em jogo mais a questão da segurança e confiança do que a hipótese que privilegiaria uma causalidade sexual na etiologia do transtorno.

Tendo em vista que o sentido que a palavra pânico adquire hoje não é universal, mas fruto de uma rede linguística da qual fazemos parte, explicamos, no capítulo dois, que o sentido do termo já conheceu outras utilizações, em épocas históricas distintas[4]. Assim, demonstramos que, ao longo da

3 Expressão utilizada por Giddens, em seu livro *As consequências da modernidade*, São Paulo: UNESP, 1991, p. 95.

4 O que se expõe aqui teve origem principalmente na minha dissertação de mestrado intitulada: *As linguagens do medo: suas configurações na contemporaneidade*. Dissertação de Mestrado em Saúde Coletiva, UERJ, 2001. Neste estudo foi observado que, na análise da gramática do medo, em relação a sua historicização ao longo do tempo, surge na atualidade o medo que não é mais sacralizado, que não tem mais relação com a religião ou qualquer divindade, não é reificado, mas se inscreve no corpo sob a forma de pânico. Esse foi um aspecto pregnante na dissertação, o medo em sua forma *pathos* relacionado a uma maneira contemporânea de vivenciá-lo sob o que se convencionou chamar de transtorno de pânico. Portanto, esse meu trabalho anterior precisou ser mais delimitado, pois teve o objetivo de estudar acerca da gramática do medo ao longo da história até a contemporaneidade. Por meio desse estudo nasceu o interesse em estudar

história da ansiedade, o pânico apenas surgiu como transtorno em 1980, classificado pelo manual de psiquiatria DSM III (*Diagnostic Statistical Manual*).

A explicação para o aparecimento desse transtorno é feita no capítulo três, em que analisamos as matrizes sociais do surgimento e difusão do pânico nas sociedades contemporâneas. Segundo Devereux (*apud* Costa 1989), o ambiente permeia – por meio de toda a rede discursiva de que faz parte – a vida mental dos sujeitos, e, portanto, suas formas de adoecimento mental: "não se é louco como bem se quer e entende" (p. 18).

Acreditamos encontrar nos sintomas do pânico redes de significações entrelaçadas aos ideais predominantes na atualidade, uma vez que compartilhamos da convicção teórica de que há um processo de produção social dessas modalidades de sofrimento.

Em seu livro *O vestígio e a aura*, Costa (2004) apresenta a questão sob a ótica de que houve um "remanejamento profundo e perturbador na esfera dos valores" em nossa sociedade, "cujo epicentro é a crise da autoridade" (p. 12), e com base nesse olhar, contribui para o debate a respeito do individualismo ou desengajamento público na sociedade contemporânea, focando na questão da formação de identidades pessoais, fundamentando-se em dados clínicos ou em observações de comportamentos sociais. Nesse sentido, é inegável a repercussão clínica dessa forma de subjetivação

especificamente sobre os transtornos de pânico, sobretudo por me interessar pela área da saúde coletiva, (na qual a sub-área escolhida consiste nas ciências humanas) em que apreendemos a clínica psicanalítica em sua interface com as ciências sociais, e a maioria dos estudos nesse campo são provenientes de um olhar médico, psiquiátrico ou psicológico comportamental sobre o tema. Ou seja, há poucos trabalhos que abordam a interface entre psicanálise e cultura a respeito dos transtornos de pânico.

contemporânea, gerando novos distúrbios, engendrados por essa nova dinâmica de identificação, em que o *pathos* se liga ao que podemos chamar, conforme Costa (*ibidem*), de transtornos provenientes do que ele denomina de moderna cultura somática[5].

Portanto, analisaremos principalmente os mal-estares atuais em torno desta concepção de *cultura somática* e da *sociedade de risco* (Beck,1998). Ao trocar a segurança pela liberdade, diz Bauman (1998), os sujeitos pós-modernos enfrentam a confrontação com um meio ambiente instável, em que há uma atmosfera de risco permanente, a imprevisibilidade e enfraquecimento de laços sociais, com o processo de individualização. Cenário propício para a eclosão de distúrbios tal como acontece na atualidade, entre estes o chamado transtorno de pânico.

No capítulo quatro afirmamos que o transtorno de pânico surge em um ambiente favorável ao seu florescimento, com base em Winnicott, que afirma a importância da confiabilidade e previsibilidade para um processo de amadurecimento suficientemente bom, no que se refere à ontologia do sujeito. Tais sujeitos se deparam com a tarefa difícil que a sociedade lhes propõe, que é a de continuamente estarem expostos a riscos, reais e imaginarios, e, ao mesmo tempo, sem haver ideais identitários que garantam a confiança mínima no ambiente, o que pode desencadear o que Winnicott denomina de colapso, como defesa diante da fragilidade das referências identitárias, da falta de sentido para a vida, da crise de valores.

5 Para a discussão acerca expressão cultura somática, ver "A personalidade somática de nosso tempo" e "Notas sobre a cultura somática" em Costa, J. *O vestígio e a aura:* corpo e consumismo na moral do espetáculo. Rio de Janeiro: Garamond, 2004.

Dito de outra forma, na crise dos ideais, mesmo um processo de sofrimento psíquico pode hoje servir como matriz de identidade para os indivíduos, mesmo que esta seja sindrômica. Então, vemos a formação de grupos que se organizam a partir destes referenciais desviantes que lhes asseguram quem eles são, ou seja, são meios de fornecer identidade. Isso pode ser percebido com facilidade através da busca por comunidades de autoajuda, presenciais ou virtuais, fato que pode ser compreendido como um exercício criativo e uma procura por metáforas a partir de engajamento em grupos de pertencimento que possibilitem algum caminho para a cura.

Assim, o que propomos é contribuir para o debate sobre o sujeito que sofre de pânico, redescrevendo-o com base em um vocabulário da psicanálise e da cultura. É um convite para se olhar o sintoma como simbolizando algo que está faltando. Falhando, no ambiente que não foi o suficientemente bom no passado do sujeito e que está internalizado; ou na vida que levamos em meio à aceleração desenfreada do cotidiano das grandes cidades, que nos exige uma *performance* que dificilmente pode ser alcançada.

Humanizar o conceito transtorno de pânico é não perder de vista a quem estas páginas se destinam: aos sujeitos que sofrem, que padecem. E dessa maneira, ao visualizar o sujeito como um conjunto de crenças, desejos, cuja identidade está em permanente reconstrução, procurar fazer com que essas crenças sejam alteradas, revistas, repensadas e redimensionadas.

Ou seja, um segundo e principal motivo que justifica nossa pesquisa consiste em crer na insuficiência do discurso psiquiátrico apenas – embora sejam fato a eficácia e utilidade dos psicofármacos no tratamento dos transtornos de pânico

– para esgotar a explicação deste fenômeno tão abrangente. Ser apenas classificado como distúrbio e atribuir formas medicamentosas como tratamento é restringir as formas de pensar acerca do fenômeno.

É com este propósito que convidamos os leitores para partilhar de nossas reflexões. Esperamos que essa breve introdução sirva para sensibilizar àqueles que se interessam por este tipo de sofrimento humano.

2
A circunscrição do olhar

Para apresentar o pano de fundo sob o qual se assenta a perspectiva de construção de sentido das palavras, entre elas, o do transtorno de pânico; utilizaremos sucintamente a noção wittgensteiniana acerca dos jogos de linguagem, da tradição filosófica pragmática à qual nos filiamos[6].

O estudo sobre o pânico parte de uma análise cuja base filosófica remete ao pragmatismo linguístico, mais especificamente ancorado na filosofia da linguagem de Wittgenstein (1985, 1988 e 1989). Com isto, afirmamos com Wittgenstein, que os sentidos de alguns termos não são universais, mas se referenciam nos significados correntes dessas palavras em um meio cultural próximo ao nosso.

6 Este capítulo é, em parte, abrangente, mas necessário para situar o leitor sobre o ponto de partida da minha abordagem a respeito da construção de subjetividade, do ponto de vista normal e patológico. Ou seja, o objetivo é demonstrar que o estudo sobre o transtorno de pânico será realizado enquanto um fenômeno inserido em uma perspectiva que realça doença, sofrimento e sentimentos, no plano que denominamos psíquico.

Supomos que o pânico esteja inserido em um universo da doença, do sofrimento e dos sentimentos, que denominamos psíquico. Tendo como princípio a inserção de um fenômeno cientificamente tratado como orgânico, porém mergulhado num contexto também reconhecido como psíquico, é que discutiremos aqui a respeito das bases sobre as quais ele se sustenta.

É bom esclarecer que o termo transtorno de pânico já nasce no campo da psiquiatria, recebendo desde o inicio essa classificação nosográfica. O diagnóstico apresentado desta maneira é comumente associado, em um primeiro plano, a uma disfunção que ocorre no estado orgânico do sujeito, perspectiva mais comum de abordagem do pânico, no terreno das doenças. Ou seja, parte da visão de um diagnóstico no campo médico, que provém de uma enfermidade referente ao *status* biológico dos sujeitos.

Achamos relevante descolar o termo pânico da ideia de transtorno, de doença, uma vez que se trata apenas de parte de uma rede discursiva, de um jogo de linguagem que é específico das ciências médicas, isto é, trata-se de abordar apenas uma parte do problema, com base em um vocabulário específico, o do campo da saúde do organismo, visto enquanto corpo anatomofisiológico. Essa visão privilegia uma abordagem representativa da linguagem, pela qual o pânico é um acontecimento tratado como representação de um fenômeno que ocorre na realidade dos corpos individuais. Tal abordagem é criticada por Wittgenstein.

A escolha por alguns aspectos da chamada segunda filosofia de Wittgenstein[7] ocorreu devido à nossa pretensão

7 Para uma introdução à obra deste autor, sugerimos Wittgenstein (1985, 1988 e 1989), Delgado (1986) e Costa (1989), para citar alguns.

de desnaturalizar a ideia, cada vez mais difundida, de que a síndrome ou o transtorno do pânico é o melhor termo para descrever universalmente um tipo de sofrimento psíquico que acomete pessoas muito diferentes, e sua forma de expressão varia de acordo com o contexto sociocultural.

O diagnóstico e o tratamento, sendo práticas sociais, principalmente no que se referem ao campo da saúde mental, não podem ficar desvinculados das formas de linguagem particulares sobre as quais incidem. O transtorno de pânico[8], por exemplo, não deve ser tratado como representação na linguagem de um fenômeno que ocorre no corpo, na sociedade ou na natureza, mas é parte intrínseca do discurso, e os sentidos que adquirem dentro deste revelam experiências particulares com relevância para a atividade clínica.

Quando se faz um diagnóstico de uma pessoa como tendo síndrome do pânico, isso não se refere a uma representação verdadeira do que ocorre em seus neurônios, ou em outras instâncias de seu corpo, alma ou transcendência. "Estamos apenas descrevendo-o de uma forma que nos parece útil e nos permite tomar algumas atitudes que, dentro de nossa rede de crenças, irão contribuir para que o sujeito se sinta menos sofredor." (Verztman, 1995, p. 23)

O fenômeno transtorno ou síndrome de pânico será abordado tomando-se por base um viés em que é relevante o contexto histórico-cultural no qual o termo surge, uma vez que este fenômeno não pode ser estudado desvinculado das formas de subjetivação atuais. Afirmamos, assim, que o aparelho psíquico não é uma abstração indiferente ao tempo e às circunstâncias do mundo e privilegiamos aqui

8 Utilizaremos no trabalho o termo síndrome de pânico e transtorno do pânico como sinônimos.

um posicionamento que percorre a delicada fronteira entre Psicanálise e as Ciências Sociais. Nesse sentido, os sintomas estão inseridos em uma determinada rede linguístico-cultural, e em uma forma específica de subjetividade que se encontra em constante mudança, e é encarada como modos de subjetivação[9] da atualidade. Desse modo, pode-se estabelecer a relação com o pensamento de Calligaris (*apud* Costa, 1991) segundo o qual, "todo sintoma é automaticamente social, já que não se concebe sujeito sem laço social". (p. 15)

Os problemas humanos, sobre os quais a psicanálise é convidada a pensar, são provenientes de uma determinada rede cultural, que não é estática. Ou seja, em nossas investigações, nos ativemos à exploração da influência do meio sociocultural nas experiências dos sujeitos e não sob a ótica de um modelo mecanicista, de causa e efeito, mas se apresenta de uma maneira mais complexa, isto é, que não pode ser desvinculada das formas de linguagem de uma configuração social específica.

Bezerra Jr. (2002) reitera essa posição, isto é, destaca que o modo como a realidade socioeconômica e política de uma sociedade afeta a subjetividade e a vida psíquica dos indivíduos acontece de uma forma complexa e indireta. Esse processo ocorre por meio da criação de ideais, da valorização de modelos próprios de pensamento e de repertórios de conduta, da propagação de metáforas que se incorporam ao senso comum. Em outras palavras, com o passar do tempo,

9 Há diversas descrições acerca das maneiras pelas quais as experiências de sujeitos são configuradas, em meio a um cenário social que tem sofrido grandes transformações, como o das sociedades ocidentais. Os modos de subjetivação da atualidade têm sido, portanto, objeto de interesse não só de psicanalistas como Birman (1999); Costa (1994,1999); Roudinesco (1999); como também de filósofos, historiadores e cientistas sociais como Bauman (1997); Ehrenberg (1995, 1998); Heller (1998); Lasch (1986).

mesmo em uma mesma sociedade são criados novos jogos de linguagem, "repertórios de sentido ou jogos de verdade que dão consistência ao imaginário de uma época, imaginário por meio do qual o mundo, a existência e a experiência pessoal ganham consistência e significação". (p. 232)

Dessa maneira, é possível compreender o fenômeno do transtorno de pânico como um termo que não se iguala apenas à representação linguística ou mental de um fenômeno corporal objetivo, de forma reducionista, mas tem o objetivo de buscar metáforas que expliquem o transtorno de pânico a partir dos dispositivos sociais e culturais que recobrem esse sofrimento, ou seja, abordá-lo à luz de uma rede sociocultural mais ampla sob a qual este emerge.

Além disso, é importante ter em mente que o sentido de alguns termos, como transtorno de pânico não é universal, não se trata de algum desvio que sempre existiu, que estava desconhecido e foi trazido à tona pela ciência, mas que o próprio termo é fruto de uma criação de uma forma de sociabilidade e referenciado aos significados correntes dos termos em um meio cultural específico.

Nesse sentido, consideramos válida a utilização da proposta da filosofia de Wittgenstein, que nos permite pôr em evidência o fato de que noções como o transtorno do pânico podem estar arraigadas em nosso imaginário cultural de tal maneira que são tomadas como verdades incontestáveis. O equívoco dessa maneira de pensar é o que embasa a argumentação que pretendemos desenvolver, que o transtorno de pânico é um fenômeno de linguagem e que há uma variedade linguística bastante rica e sistematizada para falar em estados de pânico.

Wittgenstein (*apud* Verztman, 1995) afirma que "descrever um acontecimento de determinada maneira e tomar uma posição diante dele, é produzir na vida uma série de ações que levem em conta as maneiras de falar acerca dos eventos mais significativos". Em outras palavras, isso significa que "tudo que as pessoas fazem é alterado pelo que elas falam" (p. 24). Ou seja, falar em jogos de linguagem é falar em formas de vida. Consequentemente, Wittgenstein põe em dúvida a existência de uma linguagem lógica universal, com uma essência única; pressupõe que "existiriam jogos de linguagem os mais diversos, com semelhanças e diferenças uns em relação aos outros, porém sem nenhuma essência comum" (p. 24).

Um outro aspecto relevante das posições wittgensteinianas refere-se à noção de significado. Para o autor, o significado não advém de nenhuma camada obscura da linguagem ou do mundo, muito menos do sem-sentido. "É tão simplesmente o uso que se faz de uma palavra, frase, ou conjunto de frases dentro de um jogo de linguagem. Está intimamente ligado aos objetivos que se tem dentro deste" (p. 24), inclusive no que diz respeito às sensações. A chamada segunda filosofia de Wittgenstein (1996) é utilizada por nós para afirmar que: "é necessário [...] não querer descobrir o que supostamente esteja oculto sob a linguagem, mas abrir os olhos para ver e desvendar como ela funciona. A atitude metafísica deve ser substituída pela atitude prática" (p. 14).

Dessa maneira, afirma Verztman (1995), que assim como as teorias e crenças são fatos de linguagem, pode-se afirmar o mesmo sobre as sensações e ações intencionais; como um diagnóstico em psiquiatria, por exemplo. De acordo com o autor,

> [...] como fatos de linguagem, as construções discursivas, sejam elas fruto da linguagem ordinária ou científica, não representam acontecimentos oriundos de outra esfera, muito

menos em um mundo extralingüístico onde pudéssemos nomear um referente capaz de explicar o uso de um signo por parte de um falante. (p. 23)

Há uma crítica de Wittgenstein à ideia de uma esfera privada na linguagem. A hipótese básica é a de que os discursos sobre os estados emocionais não são formados por um processo introspectivo, mas pelo uso que se faz dos signos de cada cultura. Essa afirmativa é fundamental para entendermos qual o ponto de partida para a construção da linguagem dos sentimentos em muitas abordagens filosóficas do Ocidente. No caso do vocábulo pânico, por exemplo, se não existisse uma palavra para definir o que é pânico, como seria possível reconhecê-lo? Nesse caso, descreve Verztman "não basta apontar para si mesmo e dizer: descrevo exatamente o que se passa aqui dentro. A descrição sempre será regida, não por "sensações brutas", mas pelos jogos de linguagem disponíveis para que se proceda ao ato de descrever". (p. 25)

> Há inúmeras espécies diferentes de emprego daquilo que chamamos de "signo", "palavras", "frases". E essa pluralidade não é nada fixa, um dado para sempre; mas novos tipos de linguagem, novos jogos de linguagem [...] nascem e outros envelhecem e são esquecidos [...]. O termo "*jogo* de linguagem" deve aqui salientar que o falar da linguagem é uma parte de uma atividade ou de uma forma de vida. (Wittgenstein, 1996, p. 35)

Nesse sentido, acerca do campo do que consideramos psíquico, Costa (1994), no seu livro *Sem fraude nem favor*, refere-se à relação do sujeito com o sentimento, efetuando uma distinção conceitual entre *sentimento e sensação.*

Sentimentos são estados afetivos que não se confundem com as sensações e que aprendemos a reconhecer como medo, pesar, decepção, frustração, raiva, temor, gratidão, amor, carinho, ternura, entusiasmo, enlevo, preocupação com o outro, êxtase, etc. No uso da palavra sensação, Costa (2001), em seu artigo: "A *questão do sentido em psicanálise*" menciona os termos: *relatos ou crenças não inferenciais*, descritos por Wilfrid Sellars (1997).

Baseando-se neste autor, Costa apresenta uma discussão mais detalhada acerca do sentido linguístico/não linguístico das sensações. Ou seja, existe um equívoco em se considerar, no ângulo psicológico, que existam sentidos extralinguísticos de sentimentos e sensações. Do ponto de vista epistemológico não podemos derivar o sentido das emoções de *fatos não linguísticos*. Se existe um sentido extralinguístico de fatos mentais: "só temos como comprovar a 'identidade' entre esse sentido e o sentido linguístico dos mesmos fatos pela mediação da linguagem".

Na concepção de Sellars (1997), o engano consiste em deslizar de um jogo de linguagem para outro, sem explicitar as regras de conversão ou os deslizamentos conceituais da passagem. Esta diferenciação é sutil e é abordada por Bezerra Jr. (2001), em seu artigo "O lugar do corpo na experiência do sentido: uma perspectiva pragmática", em que o autor distingue dois tipos de conhecimento: (acerca da tese de Sellars) 1) como "comportamento discriminativo" e 2) "estar no espaço lógico das justificações" (p. 27). No primeiro caso, não é necessária a utilização da linguagem para se ter um comportamento discriminativo, porquanto este se refere meramente a processar informações. No segundo caso, ao contrário, exige linguagem, visto que se refere ao comportamento de fornecer justificativas, proposições, inferências e teorias sobre as percepções que se tem acerca do primeiro item.

Esses dois tipos de conhecimento, descritos por Sellars (*apud* Bezerra Jr., 2001), ajudam a esclarecer duas diferentes concepções acerca do sentido, baseadas na oposição entre "saber como é x" e "saber que tipo de coisa é x": "saber como é x é simplesmente "ter x" (fome ou falta de ar, por exemplo). É sentir de maneira imediata e responder diretamente, sem recurso a qualquer mediação. Para "saber que tipo de coisa é x", porém, é necessário algo mais: o recurso a um vocabulário adequado, que permita apreender o conceito de x e fazer afirmações sobre x" (p. 27). Sentir simplesmente uma dor, (sensação crua), por exemplo, seria um aspecto bem diferente de ter uma consciência[10] reflexiva daquela sensação.

Levando-se em conta o que foi exposto, haveria perspectivas diferentes, uma que deriva o *sentido* das emoções dos sentimentos "crus" e uma outra, em que apenas temos consciência dos sentimentos a partir da linguagem, portanto, o sentido é linguístico. Isto é, para o autor, sentir uma determinada sensação é diferente de reconhecer que tipo de coisa é esta sensação. O que acontece com o aprendizado das sensações é que existem os sentimentos crus, as sensações, que são "vestidas" do banho linguístico e assim podemos significá-las e compreendê-las, aprendendo a fazer distinções entre emoções e sensações, e coisas semelhantes.

Isto é, as "sensações cruas", as percepções pré-linguísticas, não têm o mesmo sentido antes e depois da linguagem. O sentido verbal da emoção não deriva das afetações diretas

10 Usamos a palavra "consciência", aqui, no sentido de estar ciente.

do corpo. Como afirma Bezerra (2001), "seu argumento é *epistemológico*, e diz respeito a como podemos *justificar* nossas afirmações acerca do que sentimos e pensamos, ou seja, como podemos decidir sobre sua correção ou sobre sua validade" (p. 33). Nesta perspectiva, as experiências sensoriais não podem ser fundamento da significação dos termos com os quais nos referimos a elas. Ainda segundo o autor:

> Um fato pré-verbal não nos ensina nada a respeito do sentido do termo com que o designamos. Um exemplo banal: o sentido de 'prurido' não *deriva* imediatamente da sensação que temos quando por acaso esbarramos em uma folha de urtiga. Para saber o que é "prurido" (saber "que tipo de coisa é prurido") e usar o termo na hora certa, é necessário saber diferenciá-lo de outros (comichão, coceira). (p. 33)

Costa (2001) ainda acrescenta ao argumento de Sellars:

> [...] a "causa" das emoções pode ser não verbal, porém o "sentido" das emoções é sempre verbal, pois uma coisa é classificar, de forma repetível, diferencial e confiável, estímulos corporais e mentais, e outra, "saber que tipo de coisa é classificada" ou "saber quais razões justificam a classificação usada". Só os que dispõem da segunda capacidade "conhecem" o sentido do que experimentam. (p. 209)

O transtorno de pânico, desta maneira, é irredutível a qualquer discurso emitido por alguma forma de saber, e é preciso respeitar suas regras de formação específicas para que o sentido se manifeste. Esse tipo de descrição é regido, não por sensações brutas, mas pelos jogos de linguagem disponíveis, que permitem descrever os estados emocionais, corroborando a crítica de Wittgenstein à ideia de uma esfera privada da linguagem e o uso que se faz de uma palavra, frase, ou conjunto de frases dentro de um jogo de linguagem.

Isso é valido para os diferentes tipos de experiência humana, entre elas, as questões que servem de fundamento às discussões sobre doença e saúde mental. Como nos afirma Costa (1989), em *Psicanálise e contexto cultural:*

> Não temos dúvidas de que os distúrbios mentais só existem através de certos conflitos subjetivos, os quais, por seu turno, estão socioculturalmente condicionados. Não é de hoje que alguns etnólogos demonstraram a inexistência de formas a-históricas do adoecer mental. A universalidade do distúrbio psíquico não significa invariância das expressões psicopatológicas. Os modelos de conduta *normais* e *anormais*, psiquiatricamente falando, são tão prescritos e modulados em sua expressão quanto qualquer outro tipo de conduta social. "Não se é louco como se quer e entende", mostrava Devereux, há décadas. (p. 18)

Costa (1989) aponta duas peculiaridades importantes ao analisar essa questão. A primeira trata da ideia de causalidade da doença. Para o autor, o modo de representar a doença relaciona-se com a discussão sobre se há ou não essência da doença. Porque "não existe doença independente de seu modo de expressão. A ideia de causalidade faz parte da maneira como a doença se constrói. A representação da causalidade é indissociável da subjetividade que a produz" (p. 20).

A segunda aborda a questão da identidade. Em termos descritivos, identidade seria tudo aquilo que se vivencia (sente, enuncia) como sendo eu, por oposição àquilo que se percebe ou enuncia como não eu (aquilo que é meu; aquilo que é outro; aquilo que é do outro). A identidade, entretanto, não é uma experiência uniforme, pois é formada por sistemas de representações diversos.

Nesse sentido é interessante ter em mente a importância da construção de identidade e como ela é estabelecida em um meio social, pois este próprio meio delimita os contornos do que deve ser considerado normal e do que deve ser considerado desviante. Isso de maneira alguma é um fenômeno consciente, mas é algo que vai sendo construído conjuntamente com o que denominamos de processo de construção da identidade.

É importante ressaltar que esse sentido de identidade se aproxima do sentido proposto por Bauman (2005), como algo que está em permanente construção; de que não tem a "solidez de uma rocha", nem "garantidos por toda a vida", são negociáveis e revogáveis:

> De fato, a "identidade" só nos é revelada como algo a ser inventado, e não descoberto; como alvo de um esforço, um "objetivo"; como uma coisa que ainda se precisa construir a partir do zero ou escolher entre alternativas e então lutar por ela e protegê-la lutando ainda mais [...]. (p. 21)

Do ponto de vista do sujeito, Costa (1989) afirma que os indivíduos normalmente têm uma noção do que seja sua identidade. Essa noção baseia-se em normas que os orientam para que possam cumprir e julgar seu desempenho identificatório:

> Cada vez que o processo ou desempenho identificatórios são atravancados por contradições internas a um sistema ou por incompatibilidade entre sistemas diversos, nasce o *conflito subjetivo*. O sujeito não consegue realizar as exigências da norma identificatória e pode vir a sofrer psicologicamente,

julgando seu desempenho como *fora do normal, abaixo do normal* ou *anormal.* (p. 22)

Isto é, a forma como o sofrimento psíquico se estabelece no sujeito depende dos conflitos no processo identificatório. Este mecanismo leva à existência de múltiplas identidades, formadas por sistemas de representações diversos, que não acarretam por si próprias à possibilidade de consciência de um distúrbio psíquico quando contrariadas. Pode haver sofrimento por um conflito identificatório de ordem racial, político, por exemplo, sem que a pessoa sinta que está sofrendo de um distúrbio psíquico. O que a faz julgar sua perturbação como sendo de ordem psíquica é a instalação do conflito na identidade psicológica (Costa, 1989, p. 22). Dessa maneira, a compreensão do fenômeno chamado de transtorno de pânico hoje, não pode ser desvinculada das formas identificatórias dos sujeitos na circunscrição que se refere à relação constante sujeito-ambiente, sem que um desses polos possa ser pensado sem o outro[11].

11 Utilizamos como referência para pensar o sujeito nesta abordagem, a concepção psicanalítica descrita por Costa (1994), a qual afirma que Freud (1904) ao utilizar a metáfora de Leonardo da Vinci a respeito das belas artes, propõe uma imagem do método analítico como uma tentativa de procurar a "escultura escondida" no sujeito. Para Costa (1994), uma primeira versão da metáfora escondida acredita que a causa dos sintomas se encontra encoberta pelas formações defensivas. Desse modo, "a 'escultura' pode ser vista como trauma real, lembrança traumática, fantasia traumática, complexo imagoico recalcado ou, por fim, 'verdade histórica' ou 'história vivida', como definiu Freud" (p. 11). A segunda versão da metáfora da escultura escondida parte da ideia de que "entre a pluralidade das nossas experiências sensoriais ou perceptivas e o conjunto de sons e gráficos das palavras existe uma atividade sintética que organiza os dois mundos numa totalidade significativa [...]. Essa atividade é a linguagem" (p. 11). Nessa última acepção, portanto, a psicanálise é compreendida menos como um método pelo qual se pretende desvendar a essência do sujeito escondida em seu inconsciente, e mais como um método em que se buscaria, como um pintor, "acrescentar [ao sujeito] as substâncias, as cores, [como] a uma tela branca" (p. 11). A esse respeito, prossegue o autor: à "tentativa de encontrar um 'verdadeiro' sujeito do

Alargamento à compreensão do pânico à luz de textos de Winnicott

Nada é muito nítido nos assuntos humanos: e quem poderia dizer onde é que termina a saúde e começa a doença? (Winnicott, 1989).

Tomando como princípio a concepção de que a enfermidade surge em determinado ambiente e de uma interação que se dá entre os sujeitos, por meio dos jogos de linguagem; que fazem parte da dinâmica social que delineia as configurações subjetivas de uma época histórica; que "ditam" os "modelos de *conduta* e *desconduta*", segundo explicitado por Devereux, nossa ênfase consiste em demonstrar que as diferentes formas de adoecimento psíquico não são as mesmas e mudam conforme o contexto e época histórica.

Assim sendo, nosso objetivo é fornecer um alargamento da visão de pânico para além da ontologia do sujeito e, para tanto, consideramos interessante delinear a passagem do individual para o coletivo. E mais do que isto, precisamos descrever minimamente a compreensão do pânico, utilizando um vocabulário psicanalítico que nos auxilie a entender que esse fenômeno emerge como transtorno, na contemporaneidade.

inconsciente, estrutural ou histórico, corresponde o ideal cognitivo chamado por Rorty (apud Costa 1994) de 'ideal de autopurificação'". A este ideal, Rorty opõe um outro, o "ideal do autoenriquecimento" (p. 13). O ideal de autoenriquecimento proposto por Rorty pode ser descrito mediante a formulação de perguntas como: "não me pergunte o que realmente sou', 'qual meu verdadeiro eu', 'o que de essencial existe em mim'. Pergunte 'como posso redescrever-me, de maneira a viver uma vida melhor e mais bela'" (p. 21). Ideal, portanto, que não visa descobrir o que está realmente oculto na ficção de um inconsciente gasoso, tampouco na superfície de uma estrutura invisível.

Adotaremos, outrossim, o referencial winnicottiano para refletir sobre a angústia sentida no pânico hoje, uma análise psicológica que vai ao encontro de nosso ponto de vista, de que determinadas formas de organizações sociais podem gerar mais perigos do que possibilitar o enfrentamento desses perigos. Como afirmamos anteriormente, os sintomas estão inseridos em uma rede linguístico-cultural e em uma forma específica de subjetivação. Tomar o pânico como sintoma, a partir deste posicionamento que percorre a fronteira sutil entre psicanálise e as ciências humanas, é tomar o psiquismo inserido nesta dinâmica.

Nesse sentido, é interessante perceber como as teorias do desamparo vêm ganhando destaque, principalmente no campo das discussões, na clínica psicanalítica. Analogamente, o senso comum parece ter escolhido palavras como "pânico" ou "depressão" para designar sofrimento psíquico, em substituição à palavra "nervoso", que predominava no imaginário do campo da "saúde-doença" mental há algumas décadas[12].

Na atualidade, casos clínicos, não só como o transtorno de pânico, mas também em quadros de depressão distímica, o que parece estar em jogo na etiologia desses sintomas são questões que de alguma maneira apontem para um estado de desamparo do ser humano, bem mais do que para uma etiologia sexual.

A referência à Winnicott, então, será utilizada para demonstrar que a experiência do medo surge na relação que

12 No quadro de mudanças aceleradas no campo das relações afetivas, temos necessidade de nos instrumentalizarmos intelectualmente em um vocabulário que nos possibilite agir de forma terapêutica. Interessante observar que a categoria "pânico" ou "depressão" vem substituindo categorias englobantes anteriores acerca do sofrimento psíquico, como a "doença dos nervos", por exemplo. (Notas de sala de aula do curso Teorias sobre Mente e Corpo, professor Benilton Bezerra, 1998).

o indivíduo tem consigo e com o meio. Percebemos que determinadas formas de organização sociais podem, mais do que possibilitar o enfrentamento de perigos, gerá-los, como ocorre numa sociedade capitalista, na qual poucos têm demais e a maioria passa toda sorte de danos, pois se expõe a situações que causam medos: abandono, falta de emprego, precariedade de moradia, falta de assistência, etc.

Descreveremos, pois, o ambiente contemporâneo em que vivemos, o qual propicia o surgimento de quadros específicos de psicopatologia, entre eles, o transtorno de pânico.

Como nos mostra Costa (1998), para autores como Balint e Winnicott, a gênese do conflito humano encontra-se no sentimento de segurança x insegurança, da importância do desejo de segurança na determinação do sintoma (p. 121). Acreditamos que este fato não se dá por acaso, mas remete às diferentes maneiras de incertezas existenciais da sociedade.

Qual a contribuição, então, da psicanálise à clínica do pânico? É dentro da perspectiva de que o pânico é um fenômeno de linguagem, que pode ser descrito com diferentes vocabulários, que pretendemos partir de uma acepção winnicottiana acerca do amadurecimento psíquico dos sujeitos para fornecer uma explicação para o transtorno ou os ataques de pânico.

O percurso trilhado por Winnicott, ainda que tenha a mesma raiz freudiana, é mais específico em sua ênfase aos primórdios da infância do indivíduo. Portanto, esse pânico atual parece remeter a esse eu mais primitivo, anterior ao eu da angústia de castração, a que Winnicott se refere em seus estudos, por exemplo, em seu texto: *O medo do colapso* (*Fear of Breakdown*), no livro *Explorações Psicanalíticas*.

Embora Winnicott não tenha estudado especificamente esse transtorno, há autores que fazem menção ao pânico como podendo ser descrito através do pensamento winnicottiano, como Dias (1998, 1999) e Procópio (2006). Ou seja, é uma abordagem do sujeito que coincide com aquela que explicitamos no item anterior, isto é, a de que a partir de um ambiente e de uma interação que se dá entre os sujeitos, diferentes jogos de linguagem podem existir e, consequentemente, as formas de adoecimento psíquico não serão as mesmas, mas estarão em conformidade com a mudança de contexto social e época histórica.

Importância da confiança e previsibilidade ambiente

Analisaremos neste tópico a contribuição da psicanálise, com base em textos winnicottianos que apontam para a questão da importância da previsibilidade e da confiança no ambiente para uma experiência de continuidade da existência do sujeito. Winnicott (1963) descreve as *angústias impensáveis*, que são aquelas que se relacionam com falhas dos cuidados ambientais. O bebê no período inicial de existência não tem consciência de um ambiente que o está protegendo e permitindo que ele tenha uma continuidade da existência. Quando esse ambiente falha, os processos que estão em andamento, de integração, de personalização, de estabelecer um contato com a realidade, entram em colapso e se produz uma ruptura nesta continuidade. Essa é a ideia de trauma para Winnicott (1963)

Afirma o autor:

> [...] utilizei a expressão "colapso" por ser bastante vaga e por poder significar diversas coisas. Em geral, neste contexto, a palavra pode ser tomada como significando o fracasso de

> uma organização de defesa. Mas perguntamos de imediato: uma defesa contra o quê? E isto nos conduz ao significado mais profundo do termo, uma vez que precisamos utilizar a palavra "colapso" para descrever o impensável estado de coisas subjacente à organização defensiva. (p. 71)

Se há algo que provoque as angústias, acontece o colapso, que o autor descreve como uma espécie de morte psíquica, quando não acontece a integração entre corpo e psique, e não se estabelece um contato com o mundo.

E a questão da confiança é importante nesse processo. Uma pessoa saudável, que teve uma continuidade da existência, que se integrou, que se personalizou, confia neste mundo. Uma vez confiando no ambiente, pode ficar tranquila, pode cuidar de seus afazeres e, mesmo que esteja angustiada, trata-se de uma angústia neurótica. O mundo estável, como o ambiente infantil, não vai falhar. Mas se o sujeito não tiver uma confiança mínima no ambiente – o que implica fortemente o modelo de confiança originário que obteve, parental, o que não exclui os fatores externos do ambiente – o medo do colapso será muito forte.

Como afirma Winnicott (1963), na área das psiconeuroses, é a angústia de castração que jaz por trás das defesas, enquanto que nos fenômenos mais psicóticos [...] trata-se de um colapso do estabelecimento do *self* unitário. Ou seja, quando há uma falha nesse processo, o pânico pode ser a saída defensiva encontrada. Nessa discussão, privilegiaremos um registro sobre a importância da *segurança ontológica*[13] no processo de amadurecimento psíquico dos sujeitos.

13 Expressão utilizada por Giddens, em seu livro *As consequências da modernidade*, São Paulo: UNESP, 1991, p. 95.

Dias (1998), aponta a confiabilidade como característica central do cuidado materno suficientemente bom, que significa previsibilidade, segundo Winnicott:

> Desenvolvendo-se num ambiente em que os cuidados maternos são contínuos e têm como característica a regularidade, a monotonia, a evitação de coincidências, e onde a mãe é consistentemente ela mesma, o bebê pode permanecer por tempo suficiente num mundo subjetivo no qual não se intromete o mundo da realidade externa.
>
> [...] o bebê, gradualmente, torna-se capaz de prever e a confirmação regular de suas expectativas forma a base de apoio para a confiança. O bebê vai sendo temporalizado e isso se dá necessariamente a partir da temporalidade do mundo subjetivo. (p. 248)

A confiabilidade é fundamental no interior da teoria winnicottiana do amadurecimento pessoal, pois esta é a característica principal do ambiente facilitador, materno e terapêutico, e tem uma função essencial durante o início da vida, em que estão sendo constituídas as bases da personalidade. Ou seja, segundo Dias (1999), no estágio de dependência absoluta da mãe "é só através da experiência repetida da confiabilidade ambiental que começam a ser constituídos os fundamentos do sentido de ser, de ser real e de poder habitar num mundo real" (p. 285).

Em sua teoria dos distúrbios psíquicos, a teoria do amadurecimento psíquico norteia o estudioso na compreensão da natureza do distúrbio com que se depara, bem como fornece os cuidados necessários ao paciente no decorrer do processo terapêutico, se seu interesse for pela clínica.

De acordo com essa teoria, os indivíduos são dotados de uma tendência ao amadurecimento e à integração em uma unidade. Porém, para que esta tendência se realize, é preciso que haja um ambiente facilitador que forneça cuidados suficientemente bons. Se uma falha nesse ambiente ocorrer nos estágios iniciais do amadurecimento, haverá um risco de psicose, referindo-se às possibilidades de o bebê tornar-se real e existir. O bebê não se dispõe a defender-se da falha ambiental sem ser aniquilado. Assim, para Dias (1999), a "natureza do distúrbio que aflige o indivíduo está relacionada com o estágio em que este teve origem, e, portanto, com o ponto de imaturidade ou maturidade relativa em que o indivíduo se encontrava, e a natureza da tarefa com a qual estava envolvido, por ocasião do fracasso ambiental" (pp. 286-287).

Por isso, em uma análise, as experiências iniciais desse tipo de paciente foram tão distorcidas ou deficientes que o analista será a primeira pessoa a lhe oferecer algo simples e essencial, a que Winnicott chama de ambiente suficientemente bom. Nesses casos, a regressão à dependência é necessária. De acordo com Dias (1999),

> [...] o que dá suporte à afirmação da necessidade do paciente de regredir à dependência é o fato de ele achar-se compelido a chegar à "loucura original", que nele habita sem ter sido experienciada. A loucura original foi o fragmento de segundo em que, quando bebê, ele perdeu momentaneamente o "ser" em função de uma falha ambiental. Sofreu uma *agonia impensável* e, imediatamente após, houve uma organização das defesas. (p. 289)

O que aparece como doença é a defesa organizada contra o colapso já ocorrido. As escolhas do indivíduo são orientadas, inconscientemente, na direção de evitar qualquer contato com a área de perigo letal. O centro verdadeiro do sujeito – prossegue a autora – estando isolado, não somente fica afastada a possibilidade de traumatismo, mas também a pessoa perde o contato com suas necessidades mais básicas, e "passa a prescindir daquilo de que todo ser humano precisa, uma relação baseada na confiabilidade e uma comunicação pessoal e verdadeira. [...] atrás de todas as defesas, há uma permanente ameaça de confusão, de um colapso da falsa integração" (p. 290).

O bebê, no processo de amadurecimento e de integração, de se sentir real, envolve-se em três tarefas: "1) sua temporalização e a espacialização, que deve dar-se inicialmente em um tempo e espaço subjetivos; 2) o alojamento da psique no corpo; 3) o início da relação objetal que culminará, mais tarde, com a criação e o reconhecimento da existência de objetos externos" (p. 291).

A mãe pode facilitar ou não essas tarefas do bebê, mediante os cuidados maternos, o segurar (*holding*), o manejo (*handling*) e a apresentação dos objetos (*object-presenting*). Dessa maneira, o conjunto de cuidados constitui-se em *um mundo* para o bebê (Loparic, 1995; Dias, 1998).

> A característica central do primeiro mundo onde o bebê habita é a de ser confiável. A confiabilidade materna não reside em nenhum fazer específico, mas no "como", no "modo como" ela faz e providencia as coisas que são necessárias ao bebê. Mais do que qualquer fazer, são os modos de ser da mãe que estão em questão. (Dias, 1999, p. 291)

Uma das tarefas da mãe é proporcionar ao bebê a ilusão de onipotência. Se, ao invés de corresponder a um gesto do bebê, ela lhe impuser seu próprio gesto, o surgimento de alguma coisa que o bebê não possa abarcar na sua experiência, isso se constituirá em uma intrusão. Segundo a autora:

> [...] a mãe-ambiente cuida para que o mundo do bebê, e ela mesma, se mantenham consistentes, regulares, monótonos, em uma palavra, *previsíveis*. É através da monotonia e da previsibilidade do ambiente que o bebê vai adquirindo a capacidade de confiar. Ele começa a ter um "conhecimento" do ambiente, que não é mental, mas baseado na familiaridade. Sendo-lhe assegurado a cada vez a existência de algo que o espera, o bebê torna-se gradualmente capaz de reconhecer coisas e predizer acontecimentos. (p. 294)

Isso se dá por esse espaço criado entre mãe-bebê. Para Winnicott, espaço é o campo de interação sujeito-objeto, cuja distância entre os dois é tudo menos vazio; é uma grandeza heterogênea, do ponto de vista físico ou afetivo; a relação do eu com o tempo no espaço transicional. A noção de espaço transicional supõe que haja um movimento de separação entre o Eu e o Não Eu, que se baseia na relação entre mãe-bebê pautada na confiança de que a mãe se adaptará às suas necessidades, ao mesmo tempo em que a separação é evitada, graças ao espaço potencial que está preenchido pelo brincar; e por tudo o que vai derivar da vida cultural.

Em relação à separação mãe-bebê, Costa (2005) afirma que o aspecto central dos cuidados adaptativos está relacionado ao tempo. No trecho abaixo, a importância do caráter temporal da experiência fica claro:

> O sentimento da existência da mãe dura x minutos. Se a mãe se ausenta mais de x minutos, a imago se apaga e, ao mesmo tempo, cessa a capacidade que o bebê tem de utilizar o símbolo da união. O bebê está desamparado, mas se refaz logo de seu desamparo se a mãe volta após x + y minutos. Em x + y minutos, o bebê não sofreu alteração. Mas em x + y + z minutos, ele se torna *traumatizado*. Depois de x + y + z, o

> retorno da mãe não repara a alteração do estado do bebê. O traumatismo implica que o bebê experimentou um corte na continuidade de sua existência. (p. 101)

Ou seja, o *infans* consegue manter viva a imagem da presença materna, mas se a mãe se ausentar e for além do que a criança conseguir sustentar, a imagem se esvanecerá e começará a morrer: "a sensação é de aniquilamento, de loucura", de acordo com a autora:

> [...] trata-se de uma agonia impensável. O que impede essa agonia – no caso, a de perder todo o sentido de real – é o fato de a mãe assegurar a permanência do mundo e tecer permanentemente a presença, apresentando continuamente o mundo ao bebê, em pequenas porções, no momento do gesto espontâneo. (p. 295)

Na clínica winnicottiana, a confiabilidade da mãe suficientemente boa relaciona-se a alguns atributos, como: a) sua capacidade de, identificando-se com o bebê, adaptar-se de modo absoluto às suas necessidades e b) a capacidade de permanecer adulta e poder devotar-se ao bebê.

> A capacidade da mãe de identificar-se com o bebê deve-se ao estado natural regredido de "preocupação materna primária" que lhe permite saber, a cada momento, o que o bebê necessita. Essa capacidade não tem nada a ver com inteligência nem advém de algum conhecimento obtido em cursos ou livros: vem da sua saúde ou relativa saúde emocional. (p. 313)

Dias (1998) aponta o modo como a teoria do amadurecimento pessoal se conecta com a teoria da doença psíquica, em especial com os distúrbios psicóticos. E então há o conceito e o caráter temporal de trauma[14]. Em sua definição, o trauma winnicottiano difere do caráter do trauma freudiano, que é basicamente referido a *intensidades*: "as quantidades causadoras de traumas freudianos estão referidas, via de regra, aos choques endógenos, resultantes de intensidades desequilibradas de forças pulsionais" (p. 246). Nesse sentido, o trauma para Winnicott não se refere a um organismo, mas a uma relação interpessoal, como reafirma a autora nesta passagem de seu texto:

> [o trauma para Winnicott] relaciona-se com o fato de a invasão do ambiente ser demasiada para aquilo que o bebê pode tolerar ou da qual pode se defender no momento. Mas a intrusão não é demasiada em si mesma, no sentido de uma intensidade; ser ela um excesso depende do grau de maturidade do bebê e das suas possibilidades do momento. (p. 246)

Um trauma pode se dar em um momento em que não há propriamente um bebê, porém o que um trauma atinge basicamente é a temporalização do bebê. Se o ambiente for imprevisível, ele não se tornará capaz de prever e, sendo assim, não poderá temporalizar. Pela classificação winnicottiana mais abrangente, é possível apreender cinco significados de trauma, que são apresentados em uma sequência que vai dos estágios mais precoces e progride na direção dos mais adiantados. No que se refere ao pânico, são mais

14 Importante atentar para que a noção de trauma utilizada aqui difere da utilização de trauma na obra de Freud. Em resumo, a partir de *Inibição, sintoma e angústia*, quando Freud refaz a teoria da angústia pondo o ego no centro: o sinal de angústia é desencadeado para evitar o trauma entendido como um aumento, além do tolerável, da tensão resultante de um afluxo de excitações internas que exigem ser liquidadas. O ego atribui perigo ao acontecimento que chega em virtude do desamparo a que esteve submetido por ocasião do nascimento.

importantes os estágios primitivos do trauma, nos quais estão localizadas as *agonias impensáveis*:[15] o despedaçar-se, o desintegrar-se, o cair para sempre, a ausência do "conluio psicossomático" ou ausência de orientação, o sentimento de estar totalmente isolado e sem possibilidades de se comunicar, de se relacionar com objetos. Em outras palavras, como descreve Winnicott (1963 [1994]), o trauma, inicialmente, se relaciona com a ameaça de aniquilamento:

> Retorno a um estágio não integrado (defesa: desintegração); Cair para sempre (defesa: sustentar-se/*self-holding*); Perda do conluio psicossomático (defesa: despersonalização); Perda do senso do real (defesa: exploração do narcisismo primário); Perda da capacidade de relacionar-se com objetos (defesa: estados autistas relacionados apenas a fenômenos do *self*). (p. 72)

Em um primeiro estágio, de dependência quase absoluta, *o trauma é a quebra do sentimento de confiabilidade. O ambiente sendo imprevisível, o colapso advém de uma falha no âmbito da confiabilidade.*

No estágio de dependência relativa, compete à mãe, após a experiência permitida inicial de onipotência do bebê, proceder à desadaptação, gradualmente. Nesse aspecto, ela falhará traumaticamente se não *falhar* ao bebê e, falhando em doses limitadas, permitirá a desilusão e o prosseguimento do processo de amadurecimento. Em seguida, se localiza

15 Loparic (1996) explica o termo *agonias impensáveis* porque, "estando na origem da própria existência, provocam o 'medo de retorno a um estado de não integração' [...] e são impensáveis 'porque não são definíveis em termos de relações pulsionais de objeto, baseadas em relações representacionais de objeto (percepção, fantasia, simbolização). [...] os estados que dão origem às angústias impensáveis acontecem antes do início da atividade relativa a mecanismos mentais e forças instintuais [...] elas não podem em princípio ser entendidas, pensadas, em termos do conflito gerado na situação edípica" (pp. 45-47).

o ponto de origem e a natureza dos traumas denominados *agonias impensáveis*.

Para Dias (1998):

> [Winnicott] é levado a uma nova classificação do universo de pessoas: as que carregam e as que não carregam consigo a **memória perdida da agonia impensável** e como, entre as que carregam e erigiram a vida na forma de uma organização defensiva, há aquelas que buscam a situação favorável que lhes permitirá fazer, em situação de dependência, o retorno ao colapso sofrido mas não experienciado. (p. 245, grifos nossos)

É a esse tempo-espaço traumático que Winnicott se refere, no seu texto *Fear of Breakdown* (Medo do Colapso). Ou seja, um colapso tende a levar o indivíduo ao período da não integração, ao período primitivo, em que o "eu" não estava ainda estruturado.

Embora haja uma associação entre as agonias impensáveis e as psicoses[16], que aparecem como uma organização para se defender de tais agonias; o pânico é descrito por alguns autores, entre eles, Dias (1998, 1999) e Procópio (2006), como uma forma de defesa que provoca a ruptura na continuidade da existência do sujeito. Há uma vivência traumática, que remete a um colapso ocorrido primitivamente, em que o eu não estava integrado ainda. O pânico, portanto, é um exemplo de não integração. No pânico, a continuidade psique-soma é rompida, por isso, fenomenicamente, se fala de despersonalização.

16 Com relação à discussão específica sobre as psicoses, e sua diferenciação do transtorno do pânico, remetemos o leitor à leitura de Dias, Elsa Oliveira. *A teoria das psicoses em D.W. Winnicott*. Tese de Doutorado em Psicologia Clínica, PUC, São Paulo, 1998.

Costa (2005) denomina de

> [...] *separação* o tempo que flui entre a saciedade do bebê e a emergência de novas necessidades, e ameaça de separação a demora, a diferença temporal entre a urgência do impulso e o momento da satisfação. As duas experiências – a ruptura e a ameaça de ruptura – são estados heterogêneos de uma mesma escala temporal, e não qualidades posicionais incompatíveis de coisas ou eventos. Separação é o estado físico-mental do bebê que espera reencontrar o objeto momentaneamente desaparecido; ameaça de separação é a angústia ou o medo de não reencontrar o que perdeu. (p. 101)

É importante perceber que, para Winnicott, o físico e o mental estão em continuidade, embora ele admita que haja uma lacuna fenomênica entre os dois, não sendo assim entidades homogêneas.

Winnicott especificamente não analisa a questão do pânico, mas alguns dos autores que estudam sua obra – como os citados anteriormente – fazem referência à questão do colapso como defesa contra falhas à previsibilidade ambiental, que ele apresenta como tendo uma provável relação com algumas características do pânico. Esses autores tomam o pânico como uma defesa por "autodesorganização" ou "desintegração", tipos de defesa primitivos citados por Winnicott. Achamos pertinentes essas análises e nos deteremos nos aspectos da teoria do amadurecimento em Winnicott, necessários para elucidar as questões do transtorno de pânico contemporâneo.

Em seu livro *O brincar e a realidade*, Winnicott (1967) descreve uma *agonia impensável* como um dos traumas que surgem na etiologia das psicoses: o apagamento da memória da presença da mãe. Dito de outra forma, o trauma pode dar-se em um momento em que ainda não existe propriamente um bebê uma entidade integrada. Quando o sujeito se apropria do sentido de previsibilidade, ser-lhe-á permitido enfrentar a imprevisibilidade intrínseca à vida. No entanto, se houver falhas na provisão básica, poderá se constituir um trauma.

> [...] quando um ambiente não é capaz de prover o bebê do sentido de previsibilidade, estabelece-se um padrão de *reagir ao imprevisível* e sempre ter que começar tudo de novo. Começar tudo de novo é estar privado da raiz pessoal, isto é, da espontaneidade, é não poder juntar experiências, não formar passado, não poder projetar o futuro, não adquirir a crença num mundo encontrável e perdurável; é dispensar-se num presente eterno, onde a luta para nunca mais sofrer a agonia impensável priva o indivíduo de que algo venha a acontecer. O indivíduo fica preso na teia de sua própria defesa. (Dias, 1998, p. 132)

Retomando a ideia de pânico, segundo Dias (1998), de acordo com o pensamento winnicottiano, alguns indivíduos se autodesorganizam e se autotraumatizam com a finalidade de fugir a uma possível repetição da angústia impensável. Essas diversas formas de agonia impensável são enumeradas pelo autor quando ele apresenta as defesas específicas que correspondem a cada uma delas. Ao menos duas dessas defesas têm o caráter de defesas autotraumatizantes: "a *desintegração* como defesa contra o retorno ao estado de não integração, e a *despersonalização* como forma de evitar a perda da aliança psicossomática" (p. 325). O exemplo que a autora fornece é de uma fraca aliança psicossomática. Para Dias (1998):

> [...] deve-se incluir nesse tipo de defesa a chamada síndrome ou estado de pânico. O indivíduo que carrega consigo a memória perdida de uma agonia impensável tem, sem nenhuma consciência disso, o sentimento difuso, mas permanente e

> inelutável, de que deve evitar uma certa área de perigo letal e ele está quase continuamente submetido a uma inquietação que é uma espécie de sobressalto, de horror (*awfulness*), de espanto latente. [...] Segundo Winnicott, o mais produtivo, na compreensão desses casos, é considerar o pânico como uma defesa desse horror difuso. Essa defesa se organiza em torno de uma situação fóbica cuja finalidade, na organização defensiva, consiste em proteger o indivíduo de novos exemplos de imprevisibilidade. A fobia organizada permite ao indivíduo localizar e dar certo contorno ao temor difuso. (p. 328)

Verificamos que há uma referência às situações provenientes da ontologia do sujeito que predispõem de certa forma ao ataque de ansiedade. Ou seja, há uma relevância à biografia do sujeito e existem certas regularidades que aproximam tais histórias de vida. Na perspectiva winnicottiana, ocorreram falhas no ambiente vivido pelo sujeito no início da infância, que fez com que houvesse uma interrupção na continuidade da existência. Além do que, na vida atual do sujeito que vivencia o pânico, algo também perturba essa continuidade do existir. Como afirma Calligaris, (2004), "um trauma [...] é um evento, mais ou menos difícil, que, num segundo momento, não consegue ser integrado na história do sujeito" (p. 137).

Avaliamos, ainda, que as reflexões de Gurfinkel (2003) podem ser úteis quando se estuda o pânico tomando por base os estudos winnicottianos. O autor destaca o operador clínico e teórico, o *colapso* (referindo-se ao *breakdown*, de Winnicott), que pode ajudar a compreender uma quantidade significativa de problemáticas que têm sido objeto de interesse de vários analistas na atualidade, no que se refere a formas clínicas caracterizadas pela falha da função simbolizante. Para o referido autor, o colapso é um substantivo que

> [...] nos oferece um conjunto bastante sugestivo de significações, que vão desde uma pane – uma súbita falha de funcionamento em um carro, por exemplo –, uma repentina desorganização ou enfraquecimento do corpo ou da mente de alguém – um surto ou colapso mental –, uma súbita interrupção de comunicação (por exemplo, nas negociações entre trabalhadores e empregados) até, mais ordinariamente, o processo de decomposição ou análise. Na sua forma verbal – *to break down* – (teria o sentido de) perder o controle sobre os próprios sentimentos. (p. 180)

Entende o autor que podemos chamar por colapso a "falência súbita de funcionamento" – o desmoronamento de uma organização –, de "quebra" e "perda de controle" (p. 180). Winnicott utiliza *breakdown* em referência a uma "quebra da organização do eu, a quebra de uma organização de defesa e da própria organização psíquica. É a experiência da loucura no que ela tem de angústia pura e de possibilidade de desmantelamento das estruturas" (p. 181).

Ele refere-se a medos, diferentes de simples fobias e mais próximos a pavores. Entre eles, acreditamos que poderia estar incluída a fenomenologia[17] do que se chama de pânico hoje. Interessante que o autor nos convida a pensar no pânico como sendo a experiência de "algo que já aconteceu, mas que não pôde ser experimentado, pois não pôde ser abarcado e cercado por um eu. O "eu" não estava lá quando aconteceu, simplesmente porque não havia ainda se constituído" (p. 181).

17 Por "fenomenológico", entendemos a maneira como "as coisas, estado de coisas, processos ou eventos físicos e mentais aparecem à consciência do sujeito como 'tendo sentido'". Esta definição pragmática dos termos será usada em todo o trabalho. É diferente da significação estrita que possui na corrente fenomenológica da filosofia (Costa, 1995, p. 55).

> O que ameaça cair ou quebrar, no caso do colapso iminente descrito por Winnicott, é uma organização de defesa rigidamente erigida em resposta a um traumatismo precoce e aniquilador, pois que ocorreu antes mesmo que o eu estivesse lá para tentar abarcá-lo. Não se trata de um fato ou de um acontecimento pontual, como poderia fazer pensar a palavra *trauma*, mas de uma situação de invasão oriunda de um ambiente que falhou em sua função primordial de ser o facilitador dos primeiros passos na emergência de um sujeito. Falhou em segurar, sustentar - *to hold* - o que deixou como marca a horrorosa vivência da iminência de queda, e portanto, iminência de quebra. (p. 181)

O autor, para isto, lança mão do conceito de traumático, pensado como não necessariamente pulsional, mas "referido a uma mãe-ambiente impossibilitada de sustentar a experiência de onipotência de seu bebê" (p. 182).

É porque uma "morte" já ocorreu que o sujeito tem tanto medo dela. Quer dizer, algo anterior ocorreu bem cedo, no desenvolvimento primário do sujeito, para que ele tenha esse medo do colapso. Resumindo: o medo do colapso surge porque um colapso já existiu antes.

Pereira (1999) é um outro autor que ressalta a importante contribuição de Winnicott para o estudo do pânico: "a ele cabe o mérito de demonstrar o papel essencial da mãe na constituição de uma área de ilusão e de um espaço transicional que se interpõe entre o bebê e o mundo real, permitindo à criança seu desamparo fundamental" (p. 109). E, segundo Winnicott (1945 [1990]), "a ilusão deve surgir em primeiro lugar, após o que o bebê passa a ter inúmeras possibilidades de aceitar e até mesmo utilizar a desilusão" (p. 121). Continua o autor:

> [...] a integração provoca um sentimento de sanidade, enquanto a perda da integração que havia sido adquirida produz uma

> sensação de enlouquecimento. Esses momentos urgentes de entrega total à autoexpressão retiram seu valor da experiência de integração que os acompanha. Fortemente associada a este problema da integração recém-alcançada, com a não integração ficando para trás e a desintegração pendendo como ameaça no futuro, está a exploração das sensações da pele, a dramatização do cuidado físico e a ênfase excessiva na capacidade de cuidar de si próprio, que por sua vez derivam de uma mistura de memórias de ser levado ao colo e da experiência de não estar sendo suficientemente bem seguro. (p. 138)

Portanto, com base na teoria winnicottiana, a abordagem do pânico está ligada a um trabalho de pré-simbolização de um estado de desamparo. Em outras palavras, podemos afirmar que a mãe suficientemente boa é aquela que permite que o sujeito tenha a sensação de instabilidade, porém lhe dá a possibilidade de recuperar a estabilidade; tenha insegurança, mas também pode lhe fornecer o mínimo de segurança. O sujeito é, portanto, constituído por essa dinâmica, montando algum equilíbrio entre o sentimento de insegurança e a precariedade, transitoriedade que a vida mesma impõe e que não vai deixar nunca de existir, pois faz parte da forma como as pessoas se constituem.

Tendo em vista que, atualmente, nosso objeto de estudo, o *transtorno do pânico*, esteja inserido nos manuais de psiquiatria como um dos transtornos de ansiedade, julgamos fundamental a constituição da história do conceito de ansiedade na construção do que hoje se denomina *ataques ou transtorno de pânico*, neste campo do saber que o anunciou: a psiquiatria.

3
A pré-história dos distúrbios de ansiedade

Tendo em vista que o sentido dado aos termos não é universal, mas referenciado nos significados dessas palavras no meio cultural em que vivemos, é importante conhecer o sentido do termo pânico no interior da história da ansiedade. Vários autores escreveram acerca da história da ansiedade, entre eles, German Berrious (1995) e Michael Clark, (1995), descrevendo em linhas gerais os contornos com os quais a ansiedade foi descrita na história, no período entre os séculos XIX e XX.

Também trataremos do impacto que houve com a publicação da terceira edição do DSM III, *Diagnostic and Statistical Manual*, no manejo dos problemas "nervosos", uma vez que ditava as normas e classificação (de formas de comportamentos e formas de distúrbios mentais) a serem considerados, ao se fazer um diagnóstico de depressão, ansiedade ou outras condições, por exemplo, ataques e transtornos de pânico, tais como descritos hoje pelos manuais de psiquiatria, mais especificamente o DSM IV-TR. A publicação da terceira edição do DSM foi impactante, sobretudo por propor o "gerenciamento" dos problemas mentais por meio da administração de drogas.

Por que abordar o pânico no interior da história da ansiedade?

Consideramos que a escolha do método histórico da ansiedade para problematizar a entidade transtorno de pânico na atualidade nos dá uma maior possibilidade de desconstrução desse termo. Como nos diz Verztman (1995), a escolha por um método em que privilegiamos a história do termo, fornece-nos mais chances de "desuniversalizar" as acepções contemporâneas no que se refere a um transtorno psíquico. No caso do fenômeno do pânico, o objetivo é mostrar que já houve outras utilizações para este conceito, e, portanto, podem ser explicitados de maneiras diferentes.

Inicialmente, faremos de modo conciso uma circunscrição apenas do termo pânico (embora nosso objeto de estudo seja estudar a ideia de transtorno) que vai facilitar ao leitor compreender nossa opção por este caminho histórico.

O termo pânico é derivado do grego *panikón*, (terror que vem de *Pã*) e do latim *panicu*. Como substantivo, significa, segundo os dicionários, medo que os antigos diziam ser causado pelo deus *Pã*. Etimologicamente, faz referência ao medo produzido por algo desconhecido, por exemplo, pelos ruídos da natureza atribuídos ao deus *Pã*. Frequentemente, o pânico era coletivo e descontrolado.

Por sua própria descrição semântica, no *Diccionario de los sentimientos*, o pânico é descrito como um sentimento que compõe o "grupamento" (*clã*) do medo. O clã, segundo o modelo semântico utilizado por Marina & Penas (1999), é o agrupamento das representações mentais da realidade, muito complexas e articuladas, em que os conceitos são agrupados em apontamentos, argumentos, esquemas significativos muito amplos. Essas fragmentações utilitárias e interessadas do mundo são etiquetadas com palavras. Assim, aparece o léxico, segundo o qual, os sentimentos humanos são descritos por intermédio dos agrupamentos[18]. No caso do medo, este se encontra em uma "tribo" em que as representações semânticas básicas são as experiências de aparição de um perigo ou de algo que excede a possibilidade de controle do sujeito. E o pânico é um dos sentimentos que pertencem ao mesmo clã do medo, entre outros, como apreensão, hipocondria, pavor, temor, fazendo parte do grupo de sentimentos que têm como desencadeantes comuns um perigo, um risco ou uma ameaça.

O campo significativo da palavra pânico, portanto, é plural e surpreendente. Para explorar a história deste vocábulo, haveria infinitas possibilidades, uma vez que existem as vertentes antropológica, religiosa, médica, poética, literária, entre outras. Por ser bastante heterogênea e complexa a polissemia do termo pânico, cabe-nos a tarefa de limitar nossa explicação ao estudo do pânico enquanto desvio (*pathos*), já que tal termo pode pertencer à esfera do normal e também do patológico.

Para isto, escolhemos compreender o que se denomina hoje de transtorno de pânico, analisando o contexto de seu

18 Um primeiro agrupamento seria as representações semânticas básicas. A experiência divide-se em diversas representações semânticas básicas, que são analisadas por muitos termos sentimentais. Tais representações se agrupam em *clãs*, e estes por sua vez se agrupam em uma *tribo*.

surgimento, por meio da história da ansiedade. A história do medo, portanto, será deixada de lado e circunscrita apenas à história do termo ansiedade/ angústia[19].

É fundamental salientar a história do termo ansiedade, para entendermos que o conceito transtorno de pânico *nem sempre existiu*. Passou a ser estudado como categoria nosológica, a partir de 1980, com a publicação do DSM III, que o distinguiu como quadro clínico separado dos demais transtornos. Essa análise permeará todo nosso texto, na medida em que humanizamos o fenômeno dos ataques ou transtornos de pânico. Ou seja, como afirma Verztman (1995), "faz parte de nossa estratégia a mudança do nosso equipamento perceptivo, a fim de conceber a 'doença' como algo inventado para resolver problemas humanos, antes irrelevantes" (p. 59).

Não nos deteremos em alguns temas, como as diferenças entre as classificações e formulações atuais sobre o tema e sua acepção em diferentes países[20]; ou os debates existentes entre as diferentes linhas de pensamento nesse assunto, pois acreditamos não serem relevantes para o propósito desse nosso estudo[21].

19 Para aprofundar na história do medo, sem essas limitações, de uma forma mais ampliada e heterogênea, ver Delumeau, J. *A história do medo no ocidente: 1300-1800, uma cidade sitiada*. São Paulo: Companhia das Letras, 1989.

20 Por exemplo, o Japão é um país em que a aceitação deste diagnóstico e a prescrição medicamentosa é bem recente, a Inglaterra é um outro país que também foi resistente à medicalização (Healey, 2004).

21 As diferentes formulações explicativas sobre a categoria transtorno de pânico são amplas, e muitas divergências existem, mesmo no campo da psiquiatria. Sem contar com o tratamento que é dado ao pânico pela psicanálise em diferentes países de forma bastante complexa e heterogênea. Sobre as diferenças entre posições teóricas distintas em Psiquiatria, ver Pereira, 1997, *Contribuição á psicopatologia dos ataques de pânico*. Um resumo acerca das nuances interpretativas da psicanálise sobre o transtorno, ver Schwartzman, (1997) Síndrome de pânico: uma escuta psicanalítica. *Percurso*, ano IX, nº 18, São Paulo, 1º semestre de 1997.

História da ansiedade: narrativa histórico-temporal

Exploraremos, portanto, o histórico clínico do pânico a partir do quadro nosológico do qual ele hoje faz parte, ou seja, dos transtornos de ansiedade, e criado em uma teia de configuração sociohistórico-cultural específica. Para que hoje utilizemos essa denominação, de ataque ou transtorno de pânico, houve um longo caminho conceitual, o qual é preciso minimamente elucidar. Para isto, será levada em consideração, principalmente, a análise de Berrious, (1995) em seu livro *A hystory of clinical psychiatry*, bem como *The history of mental symptoms* (1996).

Ao iniciar nosso estudo sobre o tema, encontramos poucos trabalhos sobre a história do conceito de ansiedade em psiquiatria, como demonstra Berrious (1995; 1996) no capítulo *Anxiety disorders*. Diferentemente da histeria, da hipocondria, do distúrbio obsessivo-compulsivo, que têm recebido uma atenção histórica, o que conhecemos hoje como transtorno de ansiedade generalizada, transtorno de pânico e fobia tem sido relativamente esquecido (p. 545).

Para entender isso, há duas hipóteses: pode ser relativa à sua novidade ou deve-se ao fato de que "os modelos históricos que explicavam os distúrbios mentais tradicionais não se aplicam mais às novas neuroses" (p. 545). Acreditamos que sejam diversas as razões para o aumento da atenção dada à ansiedade ao longo do tempo. Como afirma Michael Clark (1995), em sua *social section* (seção social) do capítulo *Anxiety Disorders:*

> Para que qualquer estado físico ou mental seja reconhecido e classificado como uma doença, ou pelo menos, como tendo

alguma significância clínica, não apenas deve ser observado, discutido e delineado por alguns observadores médicos, mas mais ou menos consistentemente associados com alguns grupos de sintomas ou patologias definidas em um sistema de classificação das doenças. [...] *Mas requeriam as básicas condições da existência de ao menos uma porção da humanidade para mudar de tal forma que, relativamente às normas e expectativas daquele grupo, a ansiedade e pânico não mais apareceriam como características mais ou menos contínuas ou recorrentes da vida comum, mas, ao invés, como excepcionais, e até certa forma como distúrbios evitáveis da saúde mental individual e bem-estar.* (p. 567)

Berrious inicia sua análise histórica afirmando que durante os tempos bíblicos havia relatos de testemunhas oculares do período (e outras formas de documentários) a respeito dos efeitos da guerra, das pragas e da fome nos indivíduos, que eram descrições impactantes de ansiedade aguda. Rosen (*apud* Berrious, 1995) afirma que desde a descrição de Boccaccio na introdução do *The Decameron* à reação dos Florentines à morte negra em 1347 os fatores estressores dessa época estavam ligados às guerras, fomes, fatores constantes e pervasivos da vida cotidiana da maioria dos sujeitos. Porém, o que chama a atenção é que os aspectos mais interessantes desses episódios mais antigos não eram as reações individuais "ao estresse prolongado ou medo da morte" – descritos, por exemplo, em Boccacio e Defoe – mas eram os "rompantes violentos de histeria de massa e pânico na forma de epidemias de dança, tarantismo, autoflagelação, e coisas do gênero, as quais frequentemente acompanhavam a maioria dos levantes religiosos, políticos, econômicos e sociais na era medieval" da Europa.

Clark (1995) nos explica que, nos tempos pré-modernos e no início da era moderna, a ansiedade era uma condição da existência universal contínua e bem conhecida para a massa da humanidade, principalmente porque as sociedades viviam continuamente à mercê de ameaças de guerras, do fim do mundo, de doenças epidêmicas, da fome. Apenas na era industrial moderna, e especificamente durante o século passado, a ansiedade se tornou mais excepcional, mais individualizada.

Dessa maneira, as ansiedades individuais não tinham o mesmo grau de importância e preocupação que passaram a ter na era moderna. As causas eram mais coletivas do que individuais.

> A ansiedade permaneceu mais um assunto da teologia e moralidade do que para os médicos, e algumas de suas expressões mais características podem ser encontradas nas artes e na literatura do período, mais do que na medicina. (Huinziga *apud* Berrious, 1995, p. 563)

De acordo com Duarte (*apud* Verztman, 1995), a configuração da ansiedade como quadro clínico distinto se constitui dentro de uma "tradição médico-filosófica de especulações, pesquisas e controvérsias sobre a relação entre a alma e o corpo e tendeu a se transformar nos dois últimos séculos de sua vigência em um sistema médico-popular" (p. 63).

Houve, assim, paulatinamente, uma passagem da visão do sintoma de ansiedade de uma esfera da filosofia e religião para uma esfera da ciência médica, da razão. Percebemos que há uma menção aos ataques de angústia como objeto da clínica, que se constituía como dispositivo médico.

O início do século XIX coincidiu com o aumento das conhecidas "queixas nervosas", em especial a hipocondria e a histeria. Em tais distúrbios, a ansiedade aguda e crônica começou a desempenhar um papel cada vez mais proeminente. E prossegue Berrious (1995):

> [...] enquanto as ansiedades individuais, que durante muito tempo foram de interesse para confessores religiosos, padres e teólogos morais e pastorais, cada vez mais foram sendo vistas como formando parte das responsabilidades do médico psicológico. Com o advento da industrialização, o aumento dos governos nacionais fortes, muitas das causas tradicionais da ansiedade aguda e do pânico anteriores começaram a retroceder. (p. 564)

Vamos nos deter, então, nesse período histórico, que equivale aos séculos XIX e XX, quando houve o início das queixas nervosas sendo tratadas mais como fenômenos individuais do que coletivos, ou seja, passaram a ser individualizados e vistos por critérios racionais, principalmente pela racionalidade médico-psiquiátrica. Daremos, pois, um recorte de um momento histórico em que, segundo Roudinesco (1998), já havia certa legitimidade "científica e jurídica, acerca do olhar da razão sobre a loucura, assinando a 'certidão de nascimento institucional da psiquiatria', cuja origem remonta à Revolução Francesa em 1789" (p. 249).

Os sintomas individuais hoje incluídos dentro da rubrica transtornos de ansiedade têm sido observados há muito tempo. Porém, antes de 1820, tais sintomas eram, em sua maioria, considerados como parte dos estados de melancolia e, raramente, classificados como distúrbios por si próprios independentes, como afirma Berrious (1995):

> Pinel (1818) incluiu os sintomas de ansiedade sob a descrição de "epilepsia" (p. 80), melancolia, raiva, particularmente da "variedade espontânea" (p. 156). [...] O mesmo pode ser dito acerca do livro de Georget (1820) onde alguns desses sintomas são discutidos na seção sobre "sintomas gerais e do sistema nervoso simpático." Griesinger (1861) – citando

> Guislain (1852) – relata que nove por cento dos sujeitos podem começar sua insanidade com um "medo agudo". (p. 547)

Antes de 1820, os estudos sobre os sintomas ansiosos faziam parte dos estados melancólicos. Em 1879, a expressão pânico melancólico foi o primeiro emprego técnico da palavra pânico em psiquiatria, conforme expõe Pereira (1997, p. 50).

No que se refere à concepção de angústia, mudanças importantes ocorreram durante a segunda metade do século XIX, com a concepção de Griesinger, um famoso psiquiatra alemão, que introduziu o termo *angst*. Etimologicamente, a palavra angústia encerra a idéia de "estreiteza, aperto, dificuldade de respirar, mas inclui também a idéia de medo, sofrimento, vexame e de temor, que pode ir do receio ao pânico". Angústia e ansiedade, na língua latina, diferem quanto ao sentido, pois ansiedade significava "um estado de espírito inquieto e preocupado", tendo permanecido a distinção, uma vez que *angor, q*ue na língua latina tem o sentido de opressão e *angústia*, grande aflição, seria um ataque transitório e *anxietas* (ansiedade) seria uma predisposição permanente, distinção que posteriormente foi adotada pela psiquiatria[22]. Como afirma Mc Carty (*apud* Berrious, 1995):

> [...] após a publicação do livro de Kierkegaard em 1844 (Kierkegaard, 1959), (a angústia) adquiriu um significado especial o qual se estendeu muito além do "medo". Exceto a reflexão da própria psicologia mórbida de Kierkegaard (Jolivet, 1950)

22 No vocabulário freudiano é complexa a discussão acerca da distinção entre *Angst* (angústia), *Furcht* (medo) e *Schreck* (pavor). Hans apresenta a *Angst* freudiana como podendo ser traduzida por angústia, medo, ansiedade e até por pânico: "ora como designação técnica de um quadro psiquiátrico, ora como descrição fenomenológica de sentimentos, ora numa acepção psicanalítica". Hans, Luiz. Dicionário comentado do alemão de Freud, *apud* Rocha, 2000, p. 36.

o termo trouxe à tona as novas dimensões epistemológicas e religiosas que Kierkegaard tinha ligado à noção de angústia (*anguish*). (pp. 547-8)

De 1850 e 1860 em diante, neurologistas, psiquiatras e cirurgiões, em cada nação mais industrializada, foram forçados a conviver com um número crescente de casos de neurastenia traumática, em que havia uma expectativa ansiosa e os perigos eram imaginários, pois existiam, mesmo na ausência de qualquer perigo físico (Fischer- Homberger, *apud* Berrious 1995). Na era da industrialização, os perigos passam a ser mais imaginários que reais. E também, na segunda metade do século XIX, começam a surgir descrições mais pormenorizadas e específicas dos estados ansiosos e da agorafobia.

Segundo Zeldin (*apud* Berrious 1995) "pode ser que perigos mais sérios e imediatos à vida tenham gradualmente diminuído, homens e mulheres tiveram mais lazer, e tempo para se preocupar acerca daqueles menos imediatos" (p. 564). Ele considerou que, na França, no final do século XIX e início do século XX, a "era do progresso" poderia ter sido chamada de "era do medo", pois que o advento da sociedade industrial trouxe como consequências a criação de novas ambições e paixões, e se multiplicaram muitas das causas menos significantes e menos importantes da ansiedade individual.

Síndrome do coração irritável

Por ocasião da guerra civil americana, (1861-65) o médico Da Costa, que foi nomeado chefe de um dos pavilhões médicos, durante o conflito, interessou-se por um quadro clínico que era constante nos soldados, que ele denominou de *the irritable heart*, ou a *síndrome do coração irritável*. O texto de 1871, de Jacob da Costa (*apud* Pereira 1997), "*On irritable heart*" descrevia esses soldados:

> Os homens afetados por esta síndrome apresentavam sintomatologia cujo elemento central eram palpitações de intensidade variável, mas frequentemente muito inquietantes, surgindo sob a forma de ataques, que podiam se prolongar por muitas horas. Em geral, as palpitações vinham acompanhadas de dores torácicas e de grande mal-estar. A dor era um sintoma quase constante, aparecendo de forma paroxística. Os exercícios físicos, os esforços ou as próprias palpitações produziam dor e ansiedade. (p. 55)

A esse respeito, complementam Kaplan e Sadock (*apud* Pereira 1997):

> Não encontrando qualquer argumento que sustentasse a hipótese de lesão cardíaca orgânica, Da Costa concluiu que se tratava de uma *perturbação do funcionamento do sistema nervoso simpático*. Para ele, quando o coração é submetido a esforços e tensões muito intensas, torna-se fisiologicamente "irritável", de onde as fortes palpitações. A inervação visceral desordenada manteria o distúrbio, fato que mostra a grande proximidade entre as concepções de Da Costa e de Morel. O *Irritable heart syndrom* tornou-se uma categoria nosográfica bastante difundida, sobretudo entre médicos e psiquiatras do exército. Durante a Segunda Guerra Mundial, a síndrome da ação desordenada do coração foi o diagnóstico oficial do exército britânico para uma afecção que atingiu cerca de 60.000 de seus soldados. (p. 57, grifos nossos)[23]

23 É importante ressaltar que há uma grande importância dos estudos realizados por médicos e psiquiatras militares, em períodos de guerra, para a descrição dos quadros

Ou seja, a síndrome do coração irritável aparece como uma espécie de condição reativa ao agente estressor social[24]. Porém, percebe-se que há uma predominância, na fenomenologia do quadro, das manifestações somáticas de sintomas cardíacos autônomos, como alteração do ritmo cardíaco e sensação de palpitação do coração.

Há uma referência à síndrome do coração irritável, também conhecida por neurose cardíaca, como sendo precursora do que chamamos de síndrome do pânico hoje. É importante entender que o transtorno de pânico, mesmo sendo um distúrbio de ansiedade, é diferente da neurose cardíaca, porque esta se exprimia, sobretudo, pela sensação de palpitação ou de taquicardia, sem haver lesão anatomofisiológica. Quanto ao pânico – embora possa haver entre seus sintomas diagnósticos a taquicardia – a fenomenologia clínica é bem diferente, pois o medo é, principalmente, de descontrole. Mais do que medo de morrer é o medo de ficar louco e pode vir ou não acompanhado de manifestações de alteração do ritmo cardíaco, ou qualquer reação relacionada ao funcionamento cardíaco, como por exemplo, um sintoma gástrico, entre outros[25].

Além disso, conforme Clark (1995) há outros fatores importantes para se entender a entidade clínica transtorno

ansiosos e de suas relações com o que ficou conhecido como neuroses traumáticas, que ressaltam o problema psicopatológico do papel do acidental e do acontecimento inesperado no desencadeamento de transtornos emocionais. Porém, como ressalta Pereira (1997), a "característica 'traumática' de um evento não lhe seria imanente, mas dependeria de sua significação particular – ou de sua impossibilidade de significar o que quer que seja – num certo momento histórico de uma existência" (p. 58).

24 Essa condição é descrita por Kaplan como precursora do Transtorno de estresse pós-traumático. Porém, apresenta condições clínicas específicas que evidenciam um ataque de angústia, tendo em vista sintomas cardíacos autônomos, ou seja, trata-se de uma condição clínica distinta.

25 Abordaremos em detalhe a descrição do transtorno de pânico conforme os manuais psiquiátricos no final deste capítulo.

de pânico como fenômeno bastante diferente da neurose cardíaca, a saber: 1) trata-se de um ataque proveniente da situação extremamente estressora, diante da guerra; 2) o sentido que tinham estes ataques em um imaginário social. Embora descritos como apresentando uma causalidade proveniente de uma disfunção do sistema nervoso simpático, os sujeitos eram muito mais tidos como covardes do que como doentes. A ideia de covardia acompanhava muito mais esses soldados desertores, do que a ideia de doentes; 3) do ponto de vista da experiência do sujeito, é diferente da síndrome do pânico, em que o sentimento é de estar prestes a enlouquecer, e, para muitos, esse estado não implica em relação alguma com agentes estressores próximos à sua vida atual.

A partir da segunda metade do século XIX, começam a surgir descrições mais pormenorizadas e específicas de estados ansiosos e da agorafobia. O trabalho de Morel (1867) sobre delírio emotivo foi fundamental nesse processo.

É significativa a proximidade entre os estudos de Da Costa e Morel, a não ser pelo fato de que, em 1867, Morel (*apud* Pereira, 1997) tenha introduzido a visão de que havia duas formas de ansiedade: subjetiva e somática. Ambas as formas de ansiedade podiam resultar de um distúrbio do sistema nervoso autônomo. A explicação de Morel sobre o delírio emotivo situava-se em sua teoria geral da degenerescência, segundo a qual "as causas morais e físicas estariam combinadas de forma unitária com fatores hereditários para se manifestarem como doença a partir do momento em que as condições determinantes (igualmente morais e físicas) estivessem presentes" (p. 52).

Morel uniu seu recente conhecimento sobre o sistema ganglionar (iniciado no trabalho de Bichat e Johnstone) para explicar a presença de um grupo de sintomas que não tinham sido considerados, seguindo também o modelo de anatomia clínica da doença. Então, a perturbação verificada nesses casos devia-se a uma fragilidade do sistema nervoso ganglionar visceral. Influenciado por Morel, Krishaber (*apud* Berrious 1995) em vez de tentar abranger todos os sintomas relativos ao sistema ganglionar, escolheu aqueles agudos, sintomas paroxismais que pareciam representar uma instabilidade do sistema cardiovascular. Teve influência de Morel e cunhou a expressão "neurose cérebro-cardíaca" (p. 549). Berrious atesta:

> Em 1873 ele [Krishaber] publicou uma monografia clássica reportando 38 casos de quem sofria de neurose cérebro-cardíaca. Após criticar a inadequação das categorias clínicas tais como as de nervosismo, neuropatia proteiforme, estado espasmódico etc. para descrever sua condição, ele dividiu estes sintomas naqueles que afetam sensação, movimento, circulação e outros. Na visão clínica, ele tem diferenciado as novas doenças como histeria, hipocondria, [...] síndromes cérebro-vasculares e estados tóxicos. (p. 549)

Seus pacientes mostravam notável homogeneidade nos sintomas: ansiedade, dor de cabeça leve, vertigem, palpitações, tremor, sintomas gastrointestinais (náusea, indigestão, diarreia), intolerância ao barulho, fotofobia e inabilidade para concentração.

Percebemos, então, que os sintomas de ansiedade agudos passam a ser relacionados por este autor, especificamente às disfunções cardíacas; enquanto para Krishaber tratava-se de uma patologia cardiovascular, para Benedikt, de um distúrbio do ouvido interno (*apud* Berrious, 1996). Foi nesse meio médico que o conceito de agorafobia foi desenvolvido por Benedikt, Westphal, Cordes e du Saulle[26].

Apenas na década de 1890, quando Brissaud publicou seu célebre artigo sobre a *ansiedade paroxística*, os sintomas de ansiedade, que apareciam descritos em inúmeros quadros nosológicos independentes, foram reunidos como uma entidade nosológica unificada, ansiedade.

No início dessa década, Freud separou as fobias das obsessões, transformou a angústia em uma entidade nosográfica, as fobias; e a partir de então, é que a ansiedade começou a habitar o terreno das neuroses[27].

Em consequência disso, do ponto de vista freudiano, Roudinesco (1998) afirma que "classificam-se no registro da neurose a histeria e a neurose obsessiva, às quais é preciso acrescentar a neurose atual, que abrange a neurose de angústia e a neurastenia, e a psiconeurose, que abarca a neurose de transferência e a neurose narcísica" (p. 535).

Durante as décadas anteriores à publicação dos Estudos sobre a histeria, foi atribuída por Freud e Breuer (1895), neurologistas, uma causalidade sexual aos sintomas da histeria. A angústia como uma neurose distinta da histeria só ocorreu após a publicação de Freud em 1895, em seu artigo: "Como destacar uma síndrome particular da neurastenia sob a descrição de neurose de angústia" (pp. 87-114). Neste, ele explicita suas razões clínicas e teóricas para a criação

26 Não vamos nos deter no conceito de agorafobia, mas apenas nos centraremos no que se refere aos sintomas agudos de angústia. Relações de diagnóstico entre pânico e agorafobia serão consideradas no último item deste capítulo, referente ao transtorno de pânico atual.

27 A neurose foi um termo popularizado na França por Philippe Pinel (1745-1826), em 1785, e retomado por Freud a partir de 1893. Segundo Roudinesco (1998) o termo é empregado para "designar uma doença nervosa cujos sintomas simbolizam um conflito psíquico recalcado, de origem infantil" (p. 535).

de uma nova categoria clínica, cujos sintomas giravam em torno do conceito de *angústia mórbida*, entre os quais se observam: irritabilidade geral, expectativa angustiada, ataques de angústia, e seus equivalentes somáticos como sintomas respiratórios e cardiovasculares, suores, tremores, vertigem, náusea, diarreia, congestão, pavor noturno, sintomas obsessivos e agorafobia. Esses sintomas, para Freud, podem ser encontrados em diferentes combinações, resultantes da hereditariedade ou de um desvio da excitação sexual somática do campo físico, e consequentemente um uso anormal desta.

A neurose de angústia (*angstneurose*) seria, então, uma doença do sistema nervoso, o qual reagiria a uma fonte de excitação interna com a neurose, bem como reagia a uma fonte de excitação externa, com um afeto correspondente. Ou seja, a neurose de angústia não seria da alçada de tratamento psicanalítico, embora Freud reveja essa posição depois. Tratava-se de neuroses, nas quais o conflito provinha das circunstâncias atuais da vida do sujeito, e não de sua história infantil, e o sintoma não se manifestava de maneira simbolizada.

Na década de 1920, o poder integrativo da visão freudiana tendeu a predominar, e todos os tipos de sintomas surgiram sob o constructo de angústia, o qual, desde essa década, era considerado não mais um sintoma, mas tinha se tornado uma explanação completa.

Há uma grande parte dos psicanalistas que utiliza a abordagem da neurose de angústia elaborada por Freud para explicarem os ataques e o transtorno de pânico atual. Pensamos que há possibilidade de equívocos ao se utilizar um conceito teórico com uma distância de cem anos separando as duas entidades clínicas, isto é, não levando em conta que os sujeitos da época de Freud eram "outros sujeitos", que apresentavam configurações subjetivas distintas dos que são classificados hoje como tendo a síndrome do pânico. Além disso, o próprio termo pânico utilizado tem uma conotação de distúrbio mais severo ou mais primitivo que a ansiedade, por exemplo, como nos mostra Clark (1995):

> Tanto individual como *em massa* o pânico tende a ser mais severo, e até mais "primitivo" em suas manifestações do que a maioria das formas de ansiedade. Mas enquanto o pânico tende abruptamente a diminuir e frequentemente deixa muito pouco ou nada de traços a longo prazo, a ansiedade tende a ser mais insidiosa, durando muito e tendo efeitos de maior alcance. Com respeito a todas as suas associações clínicas modernas mais próximas, portanto, a ansiedade e o pânico representam dois tipos muito diferentes de experiência, as quais a história da psiquiatria clínica precisa levar em conta. (p. 565)

Por conseguinte, fenomenicamente falando, acreditamos que são entidades clínicas que diferem, sobretudo, se formos pensar na atribuição sexual da neurose de angústia que se deve a Freud. Quanto às neuroses atuais, como o próprio nome indica, eram distúrbios cuja causa era presente, atual, e referia-se, como destaca Rocha (2000), a uma

> [...] dificuldade real no campo da excitação sexual que não conseguia encontrar sua expressão simbólica, porque não era trabalhada psiquicamente. Por esta razão, sua sintomatologia era somática. Não sendo trabalhada psiquicamente, a tensão sexual diretamente se transformava em angústia. Os sintomas corporais das neuroses atuais, quando falavam a linguagem da angústia, falavam uma linguagem exclusivamente do corpo, desprovida de qualquer significação psíquica. Como

dizia Freud, os sintomas das neuroses atuais não tinham nenhuma significação psíquica. (p. 48)[28]

Portanto, retomando a análise histórica do transtorno de ansiedade, de acordo com Healy (2004), por aproximadamente meio século que precedeu a década de 1980, o manejo da prática legitimada pelo discurso psiquiátrico ou psicanalítico, ou ainda, pela prática geral em relação aos problemas mentais, foi "colorido" pelo pensamento psicodinâmico, iniciando-se com os trabalhos de Freud, Jung e outros pioneiros neste campo. Afirma o autor:

> Este pensamento levou a um amplo uso de termos psicodinâmicos na vida cotidiana – o discurso psicológico – que se tornou parte do ar que respiramos. Esta linguagem teve claras consequências na maneira com que nos percebemos através de uma ampla possibilidade de domínios diferentes, desde nossas noções acerca de agenciamento moral, até a maneira como nós educamos nossas crianças. Sob a influência do marketing do *SSRIs* (*selective serotonin reuptake inhibiting*), este discurso psicológico foi rapidamente substituído por um discurso biológico, que se refere aos baixos níveis de serotonina e semelhantes [...]. (p. 233)

Isso significa que, como afirma Clark (1995), o reconhecimento e delimitação da ansiedade e distúrbios de pânico, e sua incorporação em classificações-padrão de doenças

28 Dialogamos com autores, como Costa (1995), que problematiza a perspectiva de que alguns distúrbios da contemporaneidade – entre eles a síndrome do pânico – em sua fenomenologia clínica parecem advir menos de conflitos na esfera sexual, e aponta para uma redescrição desses novos sintomas em grupos de transtornos que incluem distúrbios na percepção da imagem corporal, ou abuso na exploração das sensações corporais. Um maior detalhamento acerca dessa descrição do autor será abordada no último capitulo: *Redescrições de si: o transtorno de pânico como um dos componentes da matriz bioidentitária na sociedade do risco.*

mentais requerem mais do que apenas a existência de uma profissão médica organizada, a especialidade psiquiátrica, e a presença de sintomatologias que ainda não foram classificadas. Mais do que uma profissão estabelecida, mais do que algo que não atende a um padrão, é preciso que as pessoas mudem, de alguma forma, e entendam que o que antes não acontecia, ou fazia parte do que era considerado normal, passe a ser desvio em uma determinada sociedade.

Para exemplificar, podemos citar que em nossa sociedade ocidental é evidente uma crescente atenção pessoal no que diz respeito à aparência física, razão pela qual muitos sujeitos se tornaram demasiadamente ansiosos ou preocupados por defeitos mínimos corporais, ou até mesmo imaginários, como excesso de peso, tamanho e forma de busto, perda de cabelo, etc. Em épocas anteriores, isso mal seria notado, muito menos estaria entre os temas que provocasse uma ansiedade aguda.

Isto é, de acordo com Montgomery (*apud* Clark, 1995), quando a sociedade contemporânea reduz as causas das ansiedades coletivas reais, como as pragas, epidemias etc., simultaneamente, há uma tendência de agravar as causas particulares de ansiedade. Enquanto o nível da ansiedade coletiva foi reduzido, ao menos em comparação com épocas anteriores, médicos, psicólogos, psiquiatras, psicanalistas têm de lidar com pacientes que estão sofrendo de queixas de distúrbios de ansiedade, os quais configuram uma grande parte da carga total do profissional. Afirma o autor que a ansiedade, seja sobre segurança de trabalho, saúde, padrões de consumo, *performance* sexual, nível sócio-cultural ou posição social; tem se tornado um dos principais motores econômicos do estilo Ocidental das sociedades capitalistas, criando novos desejos e necessidades de consumidores insatisfeitos.

Como se observa, para Clark (1995), a ansiedade mórbida pode ser melhor compreendida não como uma entidade patológica estranha à experiência cotidiana, mas como o resultado de um distúrbio do desenvolvimento, acompanhado da capacidade do indivíduo para responder positivamente aos estímulos da ansiedade normal.

Da "Era da ansiedade" à "Era do pânico"?

Como afirma Clark (1995), a história da ansiedade reflete uma "era da normalidade", ou seja, há uma certa familiaridade tanto em relação à natureza dos acontecimentos como a extensão das vicissitudes as quais uma sociedade ou época estão acostumadas. Mas, por contraste, se podemos deduzir que há uma história do pânico, esta seria considerada essencialmente aquela que teria como base o desastre e a catástrofe, do colapso repentino de indivíduos em razão de pressões insustentáveis. Ou seja, o pânico, em um nível individual ou coletivo apenas é compatível com um funcionamento normal, e ser verificado ou superado, se não colocar em perigo o indivíduo afetado ou a própria existência da sociedade. Como destaca o autor:

> Nas específicas circunstâncias da guerra, pânico, especialmente na forma de deserção ou recusa em lutar, pode ser uma resposta compreensível e até mesmo racional ao intolerável estresse do combate, à perspectiva eminente da morte violenta ou do choque da derrota. Ainda assim, tão compreensíveis quanto essas reações possam ser, normalmente elas são consideradas como graves delitos do dever do sujeito, apropriado, ou seja, enquadrado nas normas à censura e da moral coletivas e punição exemplar, mais do que merecedores de atenção médica e de pena. (p. 169)

Então, o indivíduo que sofresse um colapso e se recusasse a lutar seria mais passível de receber uma punição do que ser digno de pena e de atenção médica, de receber tratamento.

No século XX, mais recentemente, de acordo com Stone (1985) e Merskey (*apud* Berrious 1995), o transtorno de estresse pós-traumático foi, pela primeira vez, reconhecido como doença psiquiátrica legítima, requereu uma atenção urgente e frequentemente contínua, e foi considerado mais do que mera forma de covardia (p. 169). Mas a prática psiquiátrica militar, na linha de combate ou no hospital de base, tem sido considerada como uma continuação da disciplina militar por outros meios – como uma tentativa de checar o crescimento do pânico e da ansiedade em soldados individuais e evitar que essas neuroses se espalhem pelos batalhões por meios outros do que a corte marcial e o pelotão de fuzilamento. Dando uma importância especial ao controle do pânico em tempos de guerra, não há surpresa nenhuma que a psiquiatria militar estivesse na linha de frente nas tentativas de medicalizar reações de pânico, mas mesmo na ausência de tais incentivos, técnicas psicoterápicas similares e de modificação de comportamento têm sido empregadas crescentemente na prática civil para tratar a agorafobia e outras formas de distúrbios do pânico em "tempos de paz". Em tempos modernos, pelo menos, a história médica do pânico foi basicamente a escolha de condutas adequadas para prevenir ou controlar que tal distúrbio se espalhasse.

Mesmo que se possa dizer, impropriamente, que o pânico tenha uma história no mesmo sentido ou na mesma extensão que a ansiedade, as causas do pânico – ou, sobretudo, o significado que a sociedade lhe atribui – têm variado consideravelmente de acordo com a época e o lugar, enquanto instâncias particulares do pânico disseminado. Como exemplo, podemos mencionar o *Grande Medo* na França, em Junho/Julho de 1789, ou a reação de muitos americanos à "guerra dos mundos", uma realista transmissão protagonizada por Orson Welles em seu programa de rádio, a respeito de uma invasão de marcianos na Terra, em outubro de 1938. Foram, sem dúvida, acontecimentos que lançaram muita luz sobre os medos, terrores, condições de existência e modos de transmissão cultural, características das sociedades nas quais eles ocorrem.

Enquanto no mundo desenvolvido, pelo menos, a presença de forças de defesa nacionais fortes e máquinas da ordem pública, sistemas de saúde pública e efetivos relativamente produtivos e economias bem administradas foram suficientes para prevenir ou conter instâncias (tipos) de pânico bem localizados, surtos mais disseminados ocorreram em épocas recentes – por exemplo, durante a emergência do *Three Milli Island* (acidente nuclear nos EUA) em 1979, a Guerra do Golfo de 1991, e, por ocasião dos distúrbios raciais ocorridos em Los Angeles, em 1992 – e, nas condições socioeconômicas e políticas contemporâneas, nada garante que tais rompantes sejam menos passíveis de ocorrerem no futuro.

Em 1947, Auden apropriadamente denominou a Era das ditaduras totalitárias, a corrida nuclear, a guerra fria e o *boom* econômico como a "era da ansiedade". Em uma era de superpotências entrando em colapso (União Soviética), de proliferação nuclear, conflitos nacionais e religiosos acesos, aquecimento global, superpopulação e estagnação econômica, estaria a "era da ansiedade" dando lugar à "era do pânico"?[29]

29 No capítulo seguinte: *Destradicionalização e desengajamento do sujeito contemporâneo,* explicitaremos as hipóteses que levam a pensar por que a era da ansiedade dá lugar à era do pânico.

O surgimento em psiquiatria da entidade transtorno de pânico

De acordo com Healy (2004), a publicação do DSM III, em 1980, que especificava uma série de modelos comportamentais e formas de distúrbios mentais a serem considerados ao se fazer um diagnóstico de depressão, ou de pânico, por exemplo, repercutiu de modo bastante satisfatório, uma vez que trouxe para o manejo dos problemas nervosos a administração de psicofármacos.

Além disso, com o DSM III, o autor afirma que

> [...] a vasta gama de distúrbios mentais na comunidade, previamente vistos como neurose de ansiedade, ou neurose de angústia, foi dividido em uma série de discretas entidades semelhantes – transtorno do pânico, fobia social, transtorno de estresse pós-traumático (*PTSD – post-traumatic stress disorder*), transtorno obsessivo-compulsivo (*OCD – obsessive-compulsive disorder*) e transtorno de ansiedade generalizada (*GAD – generalized anxiety disorder*). (p. 233)

Segundo o autor, em contraste com a depressão, que já contava com diferentes subclassificações antes do DSM III, o tópico que englobava os transtornos de ansiedade deu origem, na quarta versão do DSM, a várias subclassificações sob essa rubrica.

As pesquisas lideradas por Donald Klein (*apud* Pereira 1997) tiveram peso decisivo para o remanejamento na classificação dos distúrbios psíquicos cuja característica principal é a ansiedade, ao diferenciar essa síndrome de outras, tomando como base sua resposta ao tratamento, mais especificamente, a resposta a um certo tipo de medicamento. Como exemplo, podemos citar seus estudos acerca dos ataques agudos de angústia.

Klein postulou que havia uma diferença qualitativa entre a ansiedade crônica e os ataques de pânico. Essa diferença pôde ser observada examinando as reações dos pacientes a variados tipos de medicamentos. Como era pouco provável que as diferenças fossem apenas na intensidade, Klein pôde observar que as respostas aos medicamentos não eram as mesmas nos dois tipos de pacientes; então, concluiu que se tratava de dois tipos de transtornos distintos: a ansiedade crônica e os ataques de pânico. Nos casos observados, quando a predominância era de ataques de ansiedade, a resposta à imipramina era positiva, e o tratamento com tranquilizantes era pouco eficaz. Quando a predominância era, ao contrário, da angústia crônica e flutuante, sem ataques de angústia recorrentes, não havia melhora dos pacientes com o uso da imipramina. Portanto, Klein conclui sua pesquisa realizando um diagnóstico diferencial para aqueles pacientes que reagiram melhor à medicação nova utilizada (imipramina): os ataques agudos de angústia ou ansiedade.

A ansiedade do tipo "pânico" passou a ser entendida como qualitativamente diferente da ansiedade do tipo "não pânico". O termo pânico foi escolhido em virtude do caráter súbito e inexplicável dos ataques. A partir dessa constatação, iniciou-se a pesquisa de outras evidências clínicas epidemiológicas de uma especificidade dos ataques de pânico em relação aos demais estados ansiosos.

Na base desta distinção qualitativa, afirma Pereira (1997), que sob a rubrica de ansiedades do tipo pânico, eram reunidos os pacientes cujos sintomas eram susceptíveis de melhora com o tratamento à base de imipramina e separados dos outros. Revelou-se que nestes a fenomenologia era caracterizada por ataques súbitos de ansiedade, diferenciados daqueles que não reagiam bem a essa medicação, caracterizados por estados ansiosos, que, embora fossem menos intensos, eram mais duradouros.

> É nesse sentido que a criação do transtorno de pânico é paradigmática da perspectiva operacional em psiquiatria, pois se trata de uma condição descrita [...] visando à resolução dos sintomas por um tratamento específico: buscava-se delimitar clinicamente os pacientes susceptíveis de melhora sob o tratamento com imipramina, sem ser precedida por uma fundamentação psicopatológica propriamente dita. (p. 109)

De acordo com Klein (*apud* Schwartzman, 1997) – e com outros autores que confirmam os resultados de seu trabalho[30] – "a boa resposta dessa síndrome aos medicamentos ministrados por um período mínimo de seis meses justifica não apenas a diferenciação diagnóstica, mas também a convicção de tratar-se de uma questão médica, apesar de sua suposta causa orgânica não estar esclarecida" (p. 87).

É interessante, nesse sentido, pensar como o desenvolvimento das neurociências e da medicalização, das ações das drogas terapêuticas incentivaram o viés biológico explicativo para os transtornos de ansiedade.

Retomando o que já afirmamos, adotamos uma posição que relativiza os diagnósticos em psiquiatria, devido à complexidade de aspectos que eles envolvem. Por exemplo, tendo em vista as diferenças socioculturais existentes, seria extremamente difícil que esse diagnóstico, após sua descrição no DSM III, tivesse a mesma repercussão e significado em diferentes países. Ou seja, apenas a classificação nos manuais não foi suficiente para que houvesse uma homogeneidade

[30] Ver como exemplo de autor brasileiro F. Lotulfo Neto, "Tratamento da síndrome de pânico", in *Jornal Brasileiro de Psiquiatria*, Rio de Janeiro, v. 37, nº 2, 1988.

na percepção desse diagnóstico entre os psiquiatras. Muitos desconfiam deste diagnóstico, principalmente os psiquiatras da "linha" psicanalítica, ou mesmo os profissionais da área da psicologia e psicanálise. Como afirma Berrious (1995):

> [As] diferenças na prática do diagnóstico entre Inglaterra, Europa e América do Norte têm se tornado cada vez mais aparentes com relação à ansiedade e distúrbios do pânico, como em muitos outros diagnósticos psiquiátricos. Então, de acordo com Montgomery (1990, pp. 26-7), muitos médicos Britânicos e Europeus ainda consideram o *status* de diagnóstico de distúrbio do pânico com suspeição e, embora frequentemente empregados nos USA, desde sua introdução no DSM III, em 1980, ainda há que ganhar aceitação mais ampla nesse lado do Atlântico. (p. 411)

Isso vai ao encontro de nossa linha de argumentação de que a inscrição do transtorno de pânico nos manuais classificatórios de psiquiatria, embora tivesse demarcado um novo campo de estudos, não serviria para universalizá-lo e lhe atribuir um estatuto de verdade incontestável, pois seria uma maneira de abordar o fenômeno em uma perspectiva reducionista.

Descrição atual do transtorno de pânico de acordo com o DSM III e IV

Tendo em vista a pré-história da ansiedade, delineada por German Berrious (1995), é relevante especificar o que está sendo chamado de síndrome ou transtorno de pânico de acordo com a psiquiatria. Sob a ótica de Pereira (1997), como já exposto, até a publicação do DSM III, em 1980, o emprego da palavra pânico em psicopatologia era incomum e não sistemático, e depois dessa publicação, passou a se configurar como diagnóstico separado em psiquiatria (na versão do DSM III) como distúrbio nosográfico, distinto dos demais transtornos.

No DSM IV-TR, incluíram-se entre os transtornos de ansiedade não só as descrições do ataque de pânico, mas também do transtorno de pânico e da agorafobia[31]. No entanto, o ataque de pânico e a agorafobia são listados separadamente, uma vez que podem ocorrer no contexto de diversos outros transtornos.

Além desses, mencionam-se: transtorno de pânico sem agorafobia, transtorno de pânico com agorafobia, agorafobia sem histórico de transtorno de pânico, fobia específica, fobia social, transtorno obsessivo-compulsivo, transtorno de estresse pós-traumático, transtorno de estresse agudo, transtorno de ansiedade generalizada, transtorno de ansiedade induzida por substância e transtorno de ansiedade sem outra especificação.

Ou seja, em relação ao DSM III, o número de transtornos classificados como transtornos de ansiedade aumentou,

[31] Agorafobia pode ser descrita como um transtorno em que o sujeito apresenta "medos não apenas de espaços abertos, mas também de aspectos relacionados, como a presença de multidões e a dificuldade de um escape fácil e imediato para um local seguro (usualmente o lar). O termo, portanto, refere-se a um agrupamento inter-relacionado e frequentemente sobreposto de fobias que abrangem medos de sair de casa, medo de entrar em lojas, multidões e lugares públicos ou de viajar sozinho em trens, ônibus ou aviões. Embora a gravidade da ansiedade e a extensão do comportamento de evitação sejam variáveis, esse é o mais incapacitante dos transtornos fóbicos, e alguns pacientes tornam-se completamente confinados ao lar; muitos são aterrorizados pelo pensamento de terem um colapso e serem deixados sem socorro público. A falta de uma saída imediatamente disponível é um dos aspectos-chave de muitas dessas situações agorafóbicas" (CID 10, p. 133). A "agorafobia é a ansiedade ou esquiva a locais ou situações das quais poderia ser difícil (ou embaraçoso) escapar ou nas quais o auxílio poderia não estar disponível, no caso de ter um ataque de pânico ou sintomas tipo pânico" (DSM IV-TR, 2002, p. 419).

demonstrando a tendência em se esmiuçar cada vez mais a fenomenologia clínica dos distúrbios da ansiedade, especificando-os de forma cada vez mais estreita.

Embora o pânico tenha surgido como categoria nosológica específica somente em 1980, Kaplan (1987) salienta que, nesse período, o DSM III ainda aludia a fatores psicanalíticos na etiologia dos transtornos de ansiedade, como: a) impulsos inconscientes, a exemplo dos sexuais, agressivos, que ameaçam deflagrar na consciência e produzir ansiedade; b) mecanismos de defesa utilizados para evitar a ansiedade, como o medo de impulsos agressivos/sexuais de si para outros e vice-versa.

Entretanto, é possível averiguar que, ao longo do tempo, a psiquiatria norte-americana afastou-se de uma concepção dos transtornos de ansiedade baseada em formulações psicodinâmicas das neuroses, com a supressão do termo "neurose" da nomenclatura oficial na quarta edição do manual (DSM IV).

De acordo com o referido manual, as descrições clínicas atuais das classificações psiquiátricas para os diagnósticos são as que enunciaremos adiante, a saber, ataques de pânico e transtorno de pânico[32].

Ataque de pânico segundo o DSM IV-TR

O ataque de pânico é um período de medo intenso, que apresenta paralelamente, pelo menos, quatro dos

32 No CID 10 – Organização Mundial de Saúde – a classificação do transtorno de pânico é diferenciada do DSM IV. A diferenciação não se faz por transtornos de ansiedade, mas a classificação do pânico é feita entre os transtornos neuróticos, relacionados ao estresse e somatoformes. Nesse sentido, a classificação do CID 10 é menos reducionista que o DSM IV.

seguintes sintomas (somáticos e cognitivos), segundo o DSM IV–TR (2002):

1. palpitações ou taquicardia
2. sudorese
3. tremores ou abalos
4. sensações de falta de ar ou sufocamento
5. sensações de asfixia
6. dor ou desconforto torácico
7. náusea ou desconforto abdominal
8. sensação de tontura, instabilidade, vertigem ou desmaio
9. desrealização (sensação de irrealidade) ou despersonalização (estar distanciado de si mesmo)
10. medo de perder o controle ou enlouquecer
11. medo de morrer
12. parestesia (anestesia ou sensações de formigamento)
13. calafrios ou ondas de calor

Para caracterizá-lo, seria conveniente observar, segundo o DSM IV-TR, que

> [...] o ataque tem início súbito e aumenta rapidamente, atingindo um pico (em geral de 10 minutos ou menos), sendo com frequência acompanhado de um sentimento de perigo ou catástrofe iminente e um anseio por escapar. [...] A ansiedade que é característica de um ataque de pânico pode ser diferenciada da ansiedade generalizada por sua natureza distinta e quase paroxística, e sua gravidade tipicamente maior. Os ataques que satisfazem todos os demais critérios, mas têm menos de quatro sintomas somáticos ou cognitivos, são chamados de ataques com sintomas limitados. (p. 420)

Além disso, há três tipos característicos de ataques de pânico: a) inesperados (não evocados), b) ligados a situações (evocados) e c) predispostos por situações. O primeiro, os *ataques inesperados*, são aqueles cuja deflagração não se relaciona a um evento ou situação específica, ou seja, os indivíduos não o associam a nenhum ativador da situação, são percebidos como espontâneos:[33]

> Um ataque de pânico inesperado é definido como aquele que não está associado a um ativador situacional [...]. Os ativadores situacionais podem incluir estímulos externos (por exemplo, um objeto ou situação fóbicos) ou internos (por exemplo, estimulação fisiológica) ao indivíduo. (p. 423)

Os *ataques ligados às situações* (evocados) são aqueles que são deflagrados uma vez que o indivíduo se expôs a uma situação que provoca o medo. Por exemplo, alguém que tenha fobia social pode ter um ataque de pânico ao apresentar um trabalho para uma plateia.

Os *ataques de pânico predispostos por uma situação* são aqueles que se relacionam a uma situação específica de fobia, porém, não necessariamente ocorrem após sua exposição. Por exemplo, ao dirigir, o indivíduo percebe que há uma tendência de ocorrerem os ataques, mas nem sempre que dirige isto acontece; às vezes, tais ataques aparecem, após estar dirigindo por um longo tempo.

Os sujeitos que procuram ajuda médica para os ataques de pânico inesperados, geralmente relatam que sentiram

33 É a presença desses ataques que qualifica o transtorno de pânico, como veremos adiante, segundo o DSM IV-TR. Essa concepção é criticada por Pereira (1997), uma vez que, ao examinar as situações e condições em que os ataques ocorreram, percebe-se que dificilmente não há causas aparentes para a eclosão do transtorno.

um medo intenso, achavam que iam morrer ou estavam enlouquecendo, manifestando um ataque cardíaco ou um acidente vascular cerebral. Ademais, esses pacientes alegam uma necessidade urgente de fugir de onde quer que o ataque esteja ocorrendo. Com o tempo, esses ataques recorrentes se tornam ligados a determinados acontecimentos ou predispostos por situações, embora possam persistir ainda de modo inesperado.

Além da possibilidade de ocorrência dos ataques de pânico em outros transtornos de ansiedade, eles podem estar presentes ainda em outros tipos de transtornos mentais (transtornos de humor, transtornos relacionados a substâncias e em algumas condições médicas gerais: cardíacas, respiratórias, gastrintestinais). Portanto, há muita dificuldade de determinar um diagnóstico diferencial de um ataque de pânico, sendo importante delimitar as condições nas quais acontece. Podemos citar como exemplo um indivíduo que apresente, além dos ataques inesperados de pânico, ataques ligados ou predispostos por situações.

A soma desses critérios diagnósticos do DSM IV-TR, e mesmo a aparentemente menos rigorosa descrição do CID-10, procura conferir uma maior objetividade e caráter científico ao que pareceria ser apenas uma exacerbação de comportamentos comuns ligados ao medo. Há uma tendência dos manuais classificatórios centrarem-se unicamente nos aspectos somáticos, descritivos do pânico, em detrimento de reflexões a respeito da sua causalidade ou circunstâncias em que aconteceram. Dessa forma, podemos sugerir que a descrição do transtorno de pânico das classificações psiquiátricas apresenta uma visão estanque, reducionista, discussão que retomaremos no tópico referente ao diagnóstico de transtorno de pânico.

Por conseguinte, o diagnóstico diferencial dos ataques de pânico é realizado tendo origem no foco dado pelos sujeitos à ansiedade associada aos ataques, ou seja, levam-se em consideração tanto as situações de ataques de pânico acima descritas quanto a percepção do momento do ataque. Assim, se um indivíduo descreve um ataque de pânico ocasionado por uma apresentação pública, e dá destaque à sua sensação de humilhação e temor por estar constrangido diante de pessoas, é mais provável que ele apresente uma fobia social. No entanto, se ele identifica o foco de sua ansiedade no ataque de pânico em si, ou no fato de que ele poderia morrer de um ataque cardíaco, por exemplo, ele pode ter um transtorno de pânico. Portanto, a dificuldade de delimitar e circunscrever a aparição do sintoma deve levar em conta essas inúmeras variáveis.

A existência frequente de ataques de pânico inesperados é um requisito para o diagnóstico de transtorno de pânico (com ou sem agorafobia).

Transtorno de Pânico segundo o DSM IV-TR

O transtorno de pânico, por sua vez, é caracterizado por ataques de pânico inesperados e recorrentes, a respeito dos quais o indivíduo se sente frequentemente preocupado. Tais ataques, bem como a sua permanente preocupação quanto à frequência e relevância dos ataques para sua vida, deverão durar em torno de um mês, provocando também alterações em seu comportamento.

O diagnóstico de transtorno de pânico é realizado, na maioria das vezes, por exclusão. Por exemplo, temos os diagnósticos diferenciais relacionados no DSM IV – TR (2002), os quais afastam o diagnóstico do transtorno de pânico:

1 *Transtorno de ansiedade induzido por substância* – Substâncias que estimulam o sistema nervoso central (SNC) (como a cafeína, cocaína ou medicamentos, como a anfetamina) ou abstinência de depressores do SNC (como o álcool, barbitúricos) podem precipitar um ataque de pânico. Nesses casos, é imprescindível avaliar se o indivíduo já apresentava ataques de pânico antes do uso de tais substâncias, uma vez que elas poderiam estar a serviço de uma automedicação para cessar os ataques. Isto nos leva a supor que o diagnóstico de transtorno de pânico (TP) deve sobrepor-se ao diagnóstico de dependência ou abuso de substância;

2. *Transtorno de ansiedade devido a uma condição médica geral* – O hipertireoidismo, o hiperparatireoidismo, o feocromocitoma, as disfunções vestibulares, os transtornos convulsivos e as condições cardíacas (arritmias, taquicardia supraventricular) são condições patológicas que podem causar ataques de pânico. Nestes casos, o DSM IV-TR (2002) recomenda a "realização de exames laboratoriais apropriados (como os níveis de cálcio sérico para hiperparatireoidismo) ou exames físicos (para cardiopatias), com a finalidade de indagar se há, na etiologia do pânico, alguma condição médica" (p. 426);

3. *Outros transtornos mentais*, como os *transtornos de Ansiedade* e *transtornos Psicóticos*, têm os ataques de pânico como uma característica associada. Para diagnosticar se um indivíduo apresenta transtorno de pânico, ele deve manifestar, inicialmente ou ulteriormente ao curso do transtorno, os ataques de pânico inesperados e recorrentes.

Como vimos na seção anterior, há três tipos de ataques de pânico – inesperados, ligados a situações e predispostos por situações. Para o diagnóstico de transtorno de pânico, os ataques devem ter a fenomenologia enumerada no primeiro tipo de ataque, quer dizer, do tipo *espontâneos, não evocados*. Não podem ser explicados por outros transtornos mentais, por exemplo, no contexto de outros transtornos de ansiedade, em que os ataques são ligados a situações ou predispostos por situações específicas, como:

a. Na *fobia específica ou social*, pois existe um agente fóbico que induz os ataques; no caso da fobia social seria uma situação social, por exemplo.
b. No *transtorno obsessivo-compulsivo*, evocado pela exposição ao objeto de obsessão; por exemplo, a sujeira, em alguém com uma neurose de contaminação.
c. No *transtorno de estresse pós-traumático*, evocados por estímulos que trazem à lembrança o agente estressor.
d. No *transtorno de ansiedade generalizada*, evocado pela preocupação. Dependendo do caso, faz-se o diagnóstico juntamente com a agorafobia, como assinalamos no início deste capítulo.

Para se diferenciar o diagnóstico, é preciso tencionar quatro fatores principais: a) o foco do medo, b) o tipo e o número de ataques de pânico, c) o número de situações evitadas e d) o nível de ansiedade intercorrente. Por exemplo, de acordo com o DSM IV-TR (2002):

> Um indivíduo que anteriormente não temia nem evitava elevadores tem um ataque de pânico em um elevador e começa a ter medo de ir ao trabalho, em vista da necessidade de tomar o elevador para seu escritório, que fica no 24º andar. Se

> este indivíduo depois passa a ter ataques de pânico apenas em elevadores (mesmo que o foco do medo seja o ataque de pânico), então um diagnóstico de Fobia Específica pode ser apropriado. Se, no entanto, o indivíduo experimenta ataques de pânico inesperados em outras situações e começa a evitar ou suportar com pavor outras situações por medo de ter um ataque de pânico, então se indica um diagnóstico de transtorno de pânico com agorafobia. [...] Se o indivíduo tem ataques de pânico adicionais inesperados em outras situações, mas não desenvolve adicionalmente uma esquiva ou tolerância apavorada a elas, então o diagnóstico apropriado é de transtorno de pânico sem agorafobia. Se o foco da esquiva não está relacionado ao medo de ter um ataque de pânico, mas envolve alguma outra catástrofe, (ex. ferimentos devido a um possível rompimento dos cabos do elevador), então um diagnóstico adicional de Fobia específica pode ser considerado. (p. 428)

Dessa forma, para se realizar o diagnóstico de síndrome ou transtorno de pânico, não se deve atrelá-lo a nem uma situação concreta de medo ou pavor, nem a algum objeto específico, devendo ocorrer sem que haja, a princípio, um evento deflagrador da situação de intensa angústia ou ansiedade.

É importante ressaltar que o que tomamos como objeto de estudo é descrito por transtorno ou síndrome do pânico. Os ataques de pânico podem estar presentes em outros quadros clínicos, portanto não é definidor do problema. E, consequentemente, será explorada a descrição fenomênica dos sujeitos que assim se reconhecem: como tendo a síndrome ou o transtorno de pânico.

A redução biológica do transtorno de pânico

Após a descrição do pânico de acordo com os manuais de psiquiatria, surge uma questão: será que apenas esse vocabulário é suficiente para a clínica do pânico? Apenas esse discurso abarca a pluralidade da gramática do pânico na atualidade? Senão, vejamos: de acordo com Kaplan (1997), as teorias biológicas do transtorno de pânico desenvolveram-se com base no crescente conhecimento que envolve a neurociência básica e as ações das drogas terapêuticas. Afirma o autor:

> Em um extremo, há os que afirmam que as alterações biológicas mensuráveis nos pacientes com transtornos de ansiedade refletem os resultados de conflitos psicológicos; o polo oposto afirma que os eventos biológicos precedem os conflitos psicológicos. (p. 548)

Percebemos que esta última versão vem ganhando força e legitimidade científica não só no discurso psiquiátrico, mas também mediante veiculação pela mídia, bem como pela aceitação pública desse discurso "pretensamente científico".

Compondo uma corrente que parece se fortalecer dia após dia, tais defensores da psiquiatria biológica vêm sustentando a tese da imparcialidade das últimas versões dos manuais. Estes, que têm como propósito universalizar modelos de diagnósticos padronizados, não incluem as categorias de exceção, as sintomatologias subjetivas; consequentemente, o diagnóstico é efetivado levando-se em conta o que é direta e mais rapidamente observável no paciente.

Como observa Wanderley (2000), é enganosa essa pretensão de neutralidade, típica de uma perspectiva realista-cientificista, visto que "[d]escrever um fenômeno implica optar por um determinado ponto de vista, a não ser que se pretenda assumir o ponto de vista do *Olho de Deus*, expressão cunhada por Putnam" (1992, p. 19).

Essa abordagem da psiquiatria biológica baseia-se em pressupostos realistas[34], criticados por Rorty (1997) em seu texto *Solidariedade ou Objetividade* e da qual vamos nos apropriar para criticar a posição psiquiátrica de cunho essencialista. Neste texto, o autor critica a idolatria do método científico ao se referir a um "desejo de objetividade" que busca a verdade, independentemente do benefício que possa trazer para uma comunidade. Essa tradição centrada na noção de busca da verdade é identificada pelo autor "como uma tradição que corre desde os filósofos gregos e atravessa o Iluminismo" (p. 37) e é considerada, de maneira abrangente, como tradição realista, segundo a qual é necessário estar fora do contexto para conhecer um determinado fenômeno. Ele destaca que

> [...] nós somos herdeiros dessa tradição objetivista, centrada na assunção de que nós precisamos nos manter fora de nossa sociedade, o tempo que for necessário, para examiná-la sob a luz de algo que a transcenda; ou seja, sob a luz disso que ela tem em comum com toda e qualquer outra comunidade humana possível e atual. Nesse sentido, a meta da investigação científica para o homem é compreender "estruturas subjacentes" ou "fatores culturalmente invariáveis" ou padrões biologicamente determinados. (p. 38)

A verdade é construída, nesta acepção realista, como correspondência à realidade, em uma forma "a-histórica" de visão do fenômeno. Uma maior aproximação da verdade apenas seria possível pela aplicação do modelo científico e atingi-la

34 O termo realismo aqui está sendo usado de modo abrangente, apenas centrando-se na noção rortyana de 'desejo de objetividade' como principal característica. Segundo essa posição, apenas via discurso científico é possível desvelar a real natureza das coisas.

seria apenas uma questão de tempo. Segundo essa posição filosófica, o mundo consiste em uma totalidade permanente de objetos, cuja natureza independe de descrições linguísticas.

Entendemos tal compreensão da psiquiatria biologicista acerca do pânico tendo por base filosófica a posição realista. Por esta abordagem, a noção de verdade é concebida como uma espécie de relação de adequação entre proposições feitas de palavras e a intrinsicalidade da coisa descrita. Exemplificando: ao almejar a descrição do transtorno do pânico com base em critérios fundacionais do sujeito, como a genética e o corpo humano, tal proposta mostra que a verdade de um determinado objeto, como no caso do pânico, apenas seria alcançada por meio desta correspondência: realidade x objeto, cuja natureza não dependeria das descrições linguísticas. Como afirma Verztman (1995):

> Esta suposição, por nós combatida, fundamenta-se numa psiquiatria que procura afastar da análise qualquer "subjetividade" que crie amostras heterogêneas, fazendo de conta não perceber que retirar os dados subjetivos do objeto é criar um novo objeto, muito pouco parecido com a vida das pessoas que se procurou compreender. (p. 23)

Por meio dessa abordagem, a verdade sobre o pânico seria determinada pelos sintomas, e não por toda a rede discursiva da qual ele faz parte. Descrever o pânico como um aumento de batimentos cardíacos, palpitações, suores, calafrios, provenientes do corpo, que resultaria, em última instância, da genética, seria descrevê-lo universalmente, e assim, esgotar as pluralidades de descrições do fenômeno, uma vez que este faz parte da linguagem supostamente científica.

Esse raciocínio é equivocado, visto que reduz a possibilidade de redescrição desse fenômeno que ocorre em diferentes sujeitos, em uma multiplicidade de vocabulários que poderiam reduzir seu sofrimento psíquico. Nesse sentido, é crescente a exigência por um enquadramento científico, em que haja critérios universalizantes no momento do diagnóstico, em que se excluirá qualquer particularidade do sujeito. Na perspectiva psiquiátrica organicista, não se questiona a possibilidade de implicação da subjetividade do paciente diante de seu sintoma, pois este é isento de responsabilidade. Os sintomas têm de ser suprimidos, por destoarem da normalidade, para fazer com que o paciente retome sua vida a partir de um funcionamento de forma regular e produtiva.

Acreditamos, como questiona Lima (2004)[35], que essas duas maneiras de pensar no transtorno: a primeira fundamentando-se em uma categoria bem demarcada; e uma outra, mais *dimensional*, poderia estimular um rico debate público a respeito da "natureza" dos transtornos classificados em manuais de psiquiatria (em nosso caso, especificamente, dos transtornos de pânico). Porém, como bem afirma o autor, não é isto que ocorre. As categorias, como o pânico, chegam até a mídia – bem como o Transtorno de Déficit de Atenção (TDA/H), Depressão, Anorexia, entre outros – de uma maneira simplificada, "subordinando uma visão qualitativa de normalidade (o normal como valor, sempre definido por uma série de relações com o ambiente) a uma

35 Em seu trabalho, Lima, 2004, se refere ao Transtorno de Déficit de Atenção, TDA/H, porém achamos conveniente exemplificá-lo aqui por ser a mesma linha de raciocínio que estamos desenvolvendo sobre transtorno de pânico. Ver LIMA, Rossano Cabral. *A construção contemporânea de bioidentidades: um estudo sobre o transtorno de déficit de atenção / hiperatividade* (TDA/H). Dissertação de Mestrado em Saúde Coletiva, Instituto de Medicina Social, Rio de Janeiro, 2004.

visão quantitativa (na qual o anormal é tratado como fato objetivo)" (p. 57)[36].

Assim, o transtorno de pânico é difundido como uma "entidade" – cuja existência independe das singularidades do paciente, que são "descobertas" quando se reconhece no sujeito acometido pelos sintomas características que preenchem o número necessário de critérios.

36 Pretensamente ancorados em firmes critérios científicos, os conceitos de normal e anormal submeteram-se, a partir do trabalho do médico francês Georges Canguilhem, a um remanejamento epistemológico que ofereceu uma mudança na maneira de se encarar o fazer médico e o pensar sobre as doenças. Esse é um dos aspectos da tese apresentada por Canguilhem em 1943, "O Normal e o Patológico" (1995) em que ele ressalta o caráter contextual do conceito de normalidade. Segundo o autor, na definição de normal, estão implícitos dois aspectos: um aspecto *factual, objetivo* – que poderia ser definido como qualquer variação a uma média considerada normal, um critério de normalidade; e um aspecto *qualitativo*, normal como julgamento de valor, que seria designado como normatividade. Um fenômeno pode não ser normal no critério estatístico e, no critério de normal como valor, pode ser normativo. Normal, portanto, implicaria também em julgamento de valor. O normal seria o que é diferente de *pathos*, sofrimento, porque nós temos como critério a valorização do fenômeno da vida. Assim, a diferença entre o estado de saúde e de doença não pode ser apenas uma diferença quantitativa, ressaltando a experiência do "estar doente", vivida por quem sofre a doença. Ele chama atenção para o aspecto intersubjetivo da doença, ele insere a importância da dimensão valor, que não pode ser negada pelo cientista. Isso é dado pelo olhar humano, uma vez que estabelece uma diferença de valor entre sua vida normal e sua vida patológica. Ou seja, o normal não porta nenhuma intrinsicalidade e nem o é por si só, e sim na relação e dependência entre ambiente e indivíduo. Portanto, o conceito de doença não se trata de um conceito objetivamente acessível ao conhecimento científico quantitativo. A doença, ou estado anormal, não pode ser caracterizada pela ausência de norma, mas por uma norma inferior, o ser vivo doente perdeu a capacidade normativa. É em relação ao critério consensual de valorização da vida que essa noção de doença tem que ser pensada. Estas discussões vão refletir diretamente na clínica, uma vez que não se visaria um restabelecimento do normal a partir de uma norma científica, mas a partir de um normal que é individual também, que é normativo. Neste contexto, a doença não é vista como anormal, mas uma norma inferior, em meio à normatividade escolhida, valorada em determinado meio. É a capacidade do indivíduo de criar novas normas que vai indicar tal normatividade. Isso é válido, por exemplo, na prática psicanalítica, em que não se tem o objetivo de cura, e insere-se nesta perspectiva de restaurar ao indivíduo a capacidade de ser normativo. Estar saudável significa ultrapassar a norma que define o normal momentâneo, é a possibilidade de o indivíduo ficar doente e se recuperar.

Para exemplificar, citamos o *site* do *National Institute of Mental Health* (*NIMH*)[37], no qual encontramos a seguinte pergunta inicial: "*Do you have sudden bursts of fear for no reason?*" (*Você tem ataques súbitos de medo sem razão alguma?*) E como resposta: "*A Real Ilness: Panic Disorder*" (*Uma doença real: transtorno de pânico*) e, a seguir, o indivíduo é convidado a assinalar alguns dos sintomas que aparecem listados. No final, há a frase, "*if you put a check in the box next to some of these problems, you may have panic disorder*" (*se você colocou um x em alguns desses problemas, você deve ter o transtorno do pânico*). O pânico é reafirmado como uma doença, por um *site* que representa uma instituição reconhecida internacionalmente, detentora de um "suposto saber" a respeito da saúde mental.

Percebemos como o sentido do transtorno de pânico na atualidade se aproxima do sentido de doença orgânica, objetivada no corpo. Insere-se nesse processo uma estratégia reducionista que, na falta de um marcador biológico específico, atua de tal maneira que a ansiedade, angústia ou pânico são reduzidos a funções que devem ser medidas e comparadas com o padrão esperado de normalidade. De acordo com Lima (2004),

> Testagens neuropsicológicas são elaboradas e difundidas como geradoras de dados objetivos, tendo como uma de suas pretensões a distinção de subtipos do transtorno a partir de diferenças no "perfil neuropsicológico" de seus portadores. Quase simultaneamente, reduz-se essas "funções" a áreas ou neurotransmissores cerebrais, divulgando à população a verdade de uma localização neurológica que uma análise

37 http://www.nimh.nih.gov/publicat/nimhpanic.cfm

> mais arguta dos dados das pesquisas científicas não permite afirmar. (pp. 57-58)

O *site* nos dá um exemplo. Nele, Souza (2002) afirma que para se realizar o diagnóstico diferencial de pânico são extremamente importantes uma boa anamnese e uma avaliação clínica, assim como se tornam necessários exames laboratoriais (dosagem da glicemia, de hormônios, de ácidovanil-mandélico, etc.), gráficos (eletrocardiograma, teste ergométrico, Holter, eletroencefalograma basal com foto estimulação, hiperpneia, privação de sono e sono induzido etc.) e de imagem (tomografia computadorizada, ressonância nuclear magnética, ecocardiograma, etc.).

O *Single Photon Emission Computed Tomography* (*SPECT*), exame atualmente realizado em pesquisas (cintilografia com medida do fluxo sanguíneo regional cerebral, marcado com contraste radioativo), tem revelado assimetria (direita > esquerda) no giro parahipocampal dos lobos temporais e na região órbito-frontal dos córtices pré-frontais dos pacientes portadores de transtorno de pânico[38].

Há críticas que são realizadas ao caráter classificatório do DSM, porém essas não pretendem colocar em dúvida o valor do diagnóstico. Ao contrário, elas visam oferecer aos indivíduos, que correriam o risco de ficar fora dos limites do quadro, a possibilidade de se incluírem nele. Ou ainda, criticam a falta de diagnóstico como fator de agravamento dos sintomas. Como afirma Souza (2006):

> [O grande problema] [...] é devido em grande parte ao desconhecimento do TP (transtorno de pânico) por médicos

38 Souza, Jorge Wilson Magalhães (2002) in http://www.saudevidaonline.com.br/artigo15.htm. Acesso em 14/11/2006.

não especialistas (não psiquiatras), o que determina a demora no diagnóstico do caso com o consequente e indesejável desenvolvimento das complicações. A grande maioria dos pacientes, devido à predominância dos sintomas ligados ao aparelho cardiovascular, são atendidos em pronto-socorros cardiológicos por clínicos e/ou cardiologistas e medicados com fármacos que não são capazes de bloquear as "crises ou ataques de pânico". À medida que as crises se sucedem, sem que os pacientes observem melhora, leva-os à insegurança e ao desespero. São realizados inúmeros exames sem se chegar a uma conclusão diagnóstica, sendo os sintomas atribuídos a situações genéricas como estafa, nervosismo, fraqueza ou com frases do tipo: "o Sr.(a) não tem nada"[39].

Diversos autores, como Pereira (1997, 1999), condenam tal caráter categorial que o DSM-IV-TR imprime ao transtorno de pânico, afirmando que qualquer olhar em que se pudesse incluir um registro emocional à enfermidade foi desconsiderado.

Estudo dos Transtornos de Pânico no Brasil

Para lidar com essa nova categoria diagnóstica, criou-se no Brasil o departamento de Psicologia Médica e Psiquiatria, na UNICAMP, em 1984, que visava testar a pertinência nosológica desse diagnóstico, como também apresentar resultados de uma experiência clínica com pacientes a fim de analisar criticamente as bases da abordagem diagnóstico-terapêutica do transtorno de pânico.

39 Idem, ibidem.

Esse grupo de estudos foi pioneiro no Brasil no campo do interesse pelo estudo dos transtornos de pânico, utilizando uma abordagem multidimensional, ou seja, com o intuito de alargar as compreensões unicamente fundamentadas em hipóteses biológicas sobre o fenômeno. O livro *Contribuição à psicopatologia dos ataques de pânico* (Pereira, 1997) por exemplo, surgiu como fruto da participação do autor nesse grupo.

Segundo esse autor, inúmeras hipóteses foram apresentadas para explicar os enigmas do transtorno do pânico. Alguns autores propuseram como explicação que os transtornos seriam uma forma de ansiedade endógena, de origem neuroquímica, em oposição à ansiedade exógena, derivada dos fatores psicológicos e do meio ambiente.

Quanto ao seu caráter clínico, tanto a concepção biologizante do pânico quanto a comportamental tem sido difundida e bastante aceita pela imprensa e pela opinião leiga, visto que, no tratamento com pacientes com síndrome do pânico, havia a possibilidade de abordar e controlar as crises de angústia dos pacientes, deixando sua subjetividade em segundo plano, ou seja, valorizando-se a rapidez desses tratamentos mais do que a eficácia efetiva no bem-estar geral dos pacientes.

Pereira (1997, 1999) analisou criticamente as perspectivas unicamente operacionais, com o objetivo de propor discussões sobre o pânico enquanto *fenômeno afetivo*, ou seja, indagar quais os fatores emocionais e motivacionais envolvidos no seu desenvolvimento.

No que se refere às explicações para a origem dos ataques de pânico, Pereira cita duas teorias dentro da psiquiatria. A primeira delas, a corrente organicista psiquiátrica – Escola Americana de Psiquiatria – fundamenta sua teoria nas crises agudas de angústia em disfunções cerebrais. Melhor dizendo, no transtorno de pânico, os sintomas de ansiedade de separação na infância deixaram registros cerebrais das respostas de angústia como reação à separação da mãe, por exemplo. A crise, então, seria desencadeada por uma descarga súbita dos sistemas neuronais que foram responsáveis por tal padrão primitivo de resposta (Klein, *apud* Pereira, 1997). Esta noção de angústia liga-se ao modelo clássico de psicologia, desde o final do século XIX. No manual de psicologia de William James, há a descrição da angústia como resposta aos estímulos fisiológicos periféricos, quer dizer, a angústia seria deflagrada pela percepção dos processos corporais autônomos[40].

A segunda corrente em psiquiatria, que também apresenta uma explicação para a etiologia das crises agudas de angústia, consiste na chamada Psiquiatria Europeia, que, diferentemente da Escola Americana, desenvolveu uma concepção teórica comportamental e cognitiva do pânico, em razão do êxito quanto ao uso de técnicas decorrentes dessas teorias. Costa-Pereira utiliza essa concepção comportamental como mais uma possibilidade de intervenção terapêutica que não se reduz apenas à perspectiva biologizante.

Aproximando-se de uma visão que predomina entre as tradições teóricas da psicanálise europeia, Pereira (1997) concebe o ataque de pânico como uma *"crise de angústia"*. Enquanto a ênfase dada pelo autor consistiu em inserir a dimensão subjetiva aos ataques de pânico, através da

40 Pereira critica o reducionismo desta perspectiva acerca do mecanismo de deflagração dos ataques de angústia, que seria descrita apenas como uma alteração de caráter biológico. Segundo o autor, esta perspectiva provocou uma ruptura quanto ao papel da angústia na psicopatologia, tal como era apresentada pela psicanálise, análise existencial, fenomenologia, filosofia, uma vez que destitui o psiquismo da sua importância na incidência e origem deste afeto.

psicanálise, nosso interesse maior será enfatizar as matrizes culturais do seu surgimento.

Formas de tratamento do transtorno de pânico mais indicadas pela Psiquiatria Biológica

Na atualidade, os tratamentos mais utilizados são a farmacoterapia e a terapia cognitivo-comportamental. No que se refere à farmacoterapia, de acordo com Kaplan (1997), as drogas tricíclicas e tetracíclicas, os inibidores da monoaminoxidase (IMAOs), os inibidores seletivos da recaptação da serotonina (ISRSs) e os benzodiazepínicos são os mais eficazes no tratamento do transtorno de pânico:

> [...] um enfoque conservador baseado nos dados atualmente disponíveis consiste em usar uma droga tricíclica – por exemplo, clomipramina ou imipramina – como droga de primeira linha, seguida por ensaios com IMAO, ISRS, ou benzodiazepínico, se a droga tricíclica não foi efetiva ou tolerada. Alternativamente, alguns clínicos preferem usar um IMAO, um ISRS ou um benzodiazepínico como droga de primeira linha. (p. 560)

a) Drogas tricíclicas – a clomipramina, imipramina, que, em muitos destes pacientes têm efeitos colaterais, como superestimulação;
b) Inibidores da Monoaminoxidase (IMAOs) – a felelzina e tramilcipromina. Pacientes que não respondem às drogas tricíclicas provavelmente respondem aos IMAOs. Os pacientes com transtorno de pânico não parecem ter efeito colateral de superstimulação;
c) Inibidores seletivos da recaptação de serotonina (ISRSs) – Três ISRSs estão disponíveis nos EUA e

também no Brasil: fluoxetina, sertralina e paroxetina. A eficácia da clomipramina em pacientes com transtorno de pânico sugere que os ISRSs devem também ser efetivos. Um estudo do ISRSs fluvoxamina indicou que a droga é efetiva no tratamento;

d) Benzodiazepínicos – o uso tem sido limitado no tratamento do transtorno de pânico, devido a preocupações com dependência, comprometimento cognitivo e abuso. Podem fazer efeito mais rápido (de uma a duas semanas) do que outras farmacoterapias.

> Os melhores dados apontam para o uso do alprazolan no tratamento do transtorno de pânico, embora relatos de casos indiquem que o clonazepan, que é cerca de duas vezes mais potente que o alprazolan e o lorazepan, que tem cerca de metade da potência do alprazolan, também são efetivos. (p. 560)

Embora a *Food and Drug Administration* (FDA) aprove dosagens de até 10 mg/dia para o tratamento do transtorno de pânico, as dosagens mais efetivas, em geral, situam-se entre 4 e 6 mg/dia. Não há consenso quanto ao tempo de tratamento farmacológico efetivo para o transtorno de pânico, visto como condição crônica.

> Os estudos relatam que 30 a 90% dos pacientes com transtorno de pânico tratados com sucesso sofrem recaídas quando seus medicamentos são descontinuados. Os pacientes podem tender à recaída se forem tratados com benzodiazepínicos, e a terapia for terminada de forma a causar sintomas de abstinência. (p. 560)[41]

41 Transtorno de pânico e suas interpretações médicas: na etiologia do transtorno do pânico são consideradas possíveis três hipóteses básicas: a) hiperatividade ou

Verifica-se, então, que essa forma de entendimento do sintoma associa o indivíduo, de uma maneira "até mesmo vitalícia", a medicação. Isso interessa muito à indústria farmacêutica, que investe milhões nesse tipo de medicamento. O importante aqui é discutir por que esse discurso, "calçado" como científico, é tão aceito pela maioria da população. Mais à frente, trataremos dessa questão, quando abordaremos a construção contemporânea das bioidentidades.

Longe de desconsiderar os avanços na medicina psiquiátrica acerca da diminuição do sofrimento psíquico por meio dos psicofármacos, teceremos algumas considerações críticas por observarmos que há a tentativa, na atualidade, de encontrar no organismo referentes orgânicos para as emoções, como o medo. Isto é, a partir de um discurso advindo da ciência, a visão médica quanto ao medo e ao pânico, aos poucos, foi ganhando espaço. Convém ressaltar como exemplo que o DSM IV-TR e CID 10 privilegiam apenas as características somáticas do pânico no diagnóstico.

E é nessa linha que deriva o tratamento desses pacientes acometidos pelo denominado transtorno. No Instituto de Psiquiatria do Rio de Janeiro (IPUB), por exemplo, há vários laboratórios (por ex.: pânico e respiração, entre outros),

disfunção de sistemas ligados aos neurotransmissores (substâncias responsáveis pela transmissão do estímulo nervoso entre as células) cerebrais relacionados com vários elementos dos sistemas de alerta, reação e defesa do Sistema Nervoso Central (SNC); b) alteração ainda não bem determinada na sensibilidade do SNC a mudanças bruscas de pH e concentrações de CO_2 intracerebral e/ou hipersensibilidade de receptores pós-sinápticos (zona distal de contato entre duas células nervosas) de cinco hidroxitriptaminas envolvidas no sistema cerebral aversivo; c) fatores genéticos. Estes fatores não serão objeto de estudo em nosso trabalho. Para maior aprofundamento no tema, ver Kaplan, Harold. *Compêndio de psiquiatria: ciências do comportamento e psiquiatria clínica*. Harold I. Kaplan, Benjamin J. Sadock e Jack A. Grebb; trad. Dayse Batista. Porto Alegre: Artes Médicas, 1997.

em que não se faz correspondência do pânico a nada que não seja o corpo, sendo realizadas, inclusive, dosagens de noradrenalina e medição dos ataques de pânico. É importante realçar que o mais valorizado nesse diagnóstico e, consequentemente no indivíduo, são os aspectos somáticos do pânico. Desse modo, o pânico começa a ser mensurado, passando a existir métodos para medi-lo.

Por meio de sua experiência clínica, Pereira (1997) afirmou considerar insuficiente a intervenção apenas farmacológica no transtorno de pânico. Inseriu, assim, a importância de uma intervenção também psicoterapêutica, na clínica, nos pacientes acometidos pela síndrome, porque, mesmo após a medicação, eles permaneciam ansiosos, inseguros, temerosos de que os ataques de angústia retornassem, requisitando a presença constante de alguém e sentiam a necessidade de reasseguramento pela equipe médica de que as crises não voltariam. Não se trata aqui de subestimar a importância da medicação, visto que no controle dos ataques ela apresenta eficácia na maioria dos casos, porém o que se critica é o ponto de vista em relação aos tratamentos psicoterápicos, em que são indicadas terapias comportamentais e cognitivas, consideradas como secundários em relação aos procedimentos farmacológicos.

Por conseguinte, Pereira discute a importância do psiquismo na incidência e no desenvolvimento dos sintomas. Embora os ataques sejam considerados espontâneos pela corrente biologicista, que aponta para possibilidades de causas orgânicas, ele evidencia haver no histórico dos pacientes situações traumatizantes de desamparo, às vezes de perdas de pessoas afetivamente próximas, que desencadeiam a angústia. Assim, ele explica os fenômenos de pânico por diferentes teorias sobre o psiquismo. Analisa, portanto, a recente criação da síndrome do pânico e do transtorno de ansiedade generalizada, enfocando a abordagem psicopatológica das crises agudas de angústia sob diversos pontos de vista – psicanálise, visão analítico-existencial, fenomenologia e filosofia – dialogando com estas disciplinas.

Para se realizar um diagnóstico, a questão psíquica que envolve o pânico, como o medo de ter novamente o ataque ou o medo de morrer, é pouco explorada, tornando-se um aspecto cada vez menos valorizado. Por outro lado, o indivíduo apenas busca o medicamento para o tratamento do pânico, porque são valorizados nesse diagnóstico só os aspectos somáticos. Ele recorre a soluções imediatas para sua doença, que a princípio, lhe dizem que não tem cura.

Segundo Costa (1989), trata-se do que ele chamou "preconceito da essência da doença". A nosso ver, relaciona-se com o debate que envolve o surgimento e a descrição do pânico como distúrbio meramente orgânico. De acordo com o autor, por mais que se diga que em psiquiatria não existem doenças e sim doentes; por mais que se insista na visão de que o distúrbio psíquico é uma reação subjetiva a agressões de diversas origens, é impressionante a capacidade que tem o preconceito essencialista de resistir à crítica e ao bom senso. "Imaginar a essência da doença, caindo de paraquedas sobre indivíduos extraterrenos, não é invenção do organicismo nem privilégio de alguns organicistas" (p. 15).

Note-se que a Psiquiatria apresenta um discurso que dispensa as dimensões subjetivas dos indivíduos para realizar o diagnóstico. Porém, no que se refere ao tratamento desses mesmos sujeitos, o discurso psiquiátrico é alterado, e além da prescrição do remédio, a terapêutica adotada pela psiquiatria também inclui a indicação de uma psicoterapia, mesmo que cognitiva ou comportamental. Pensando em termos de fundamentação filosófica, esta já é uma concepção do sujeito não organicista, ou seja, à definição fisicalista do sujeito acometido pelo pânico – que é o sujeito descrito organicamente, por meio do corpo anatomofisiológico – acrescenta-se uma outra definição, que implica a subjetividade do paciente, isto é, uma tentativa de associar algum tipo de terapia comportamental no tratamento do pânico, além dos remédios. Porém, isso não fica explícito no discurso psiquiátrico organicista[42].

Desse modo, a subjetividade é quase considerada como uma espécie de suplemento terapêutico, sem que se dê conta da etiologia, na teoria, do porquê ser necessária uma terapêutica em que haja a associação do medicamento ao cognitivismo, por exemplo. O lapso de uma teoria dessas é que, por mais que ela queira negar, descreve o pânico como algo objetivado que se pode diagnosticar através de exames, mas quando se pensa acerca das formas de tratamento, fora dos laboratórios de neurofisiologia e passando para a psiquiatria, o discurso se modifica, porquanto há a necessidade de se prescrever, além do remédio, terapias (comportamental, cognitiva ou outras). Assim, a psiquiatria conta com um instrumento terapêutico que não aceita analisar teoricamente.

Disso tudo resulta o conceito de cura. Costa retoma Canguilhem, quando diferencia os conceitos de cura em

42 Em um cenário contemporâneo, ambiente em que tudo se medicaliza, é grande a tentação de transformar o pânico em doença. Ou seja, a forma assumida de tratamento é, sobretudo, o recurso à psicofármacos. Assumido pela mídia e aceito a partir de um público "permeável" a esse tipo de discurso, as pessoas assumem o discurso do pânico como sendo idêntico à doença, bem como a medicalização como principal – se não a única – forma de tratamento. Esse mecanismo favorece a indústria farmacêutica, que ganha cada vez mais para investir em novos psicofármacos. Problematizamos o porquê dessa adesão dos sujeitos a esse discurso no capítulo seguinte.

medicina e em psicanálise, que, absolutamente, não coincidem. Em medicina, a cura visa restabelecer um estado de homeostase do organismo, a partir de eventos que obedecem às "leis de rigidez essencial", estável aos organismos vivos, diferentemente das leis psíquicas.

Nosso objetivo é mostrar a insuficiência dessa descrição na visão clinica de pânico, incluindo o diagnóstico, o tratamento e as formas de lidar com o indivíduo que sofre de pânico. É importante ressaltar que esse indivíduo é aquele que "consome" não apenas os psicofármacos, mas também compartilha do discurso cientificista que o envolve. Tal discurso se afirma no lugar da ciência e do saber último no tocante à verdade sobre o transtorno.

No capítulo seguinte, tais manifestações psicopatológicas, bem como a hegemonia médica da interpretação que lhes é dada, serão abordadas como condizentes com o mal-estar contemporâneo, com suas implicações na forma como o sujeito se constitui no cenário moderno, na sociedade de risco. É o que trataremos a seguir.

4
Destradicionalização e desengajamento do sujeito na sociedade de risco

A sociedade industrial sabe que, para sobreviver, ela deve tomar todas as medidas que permitam conter a angústia e seus efeitos sobre o comportamento dos homens. É uma evolução bastante paradoxal quando se considera que a segurança material jamais foi tão grande, que o homem jamais teve em seu passado, mesmo próximo, tantas chances objetivas de se alimentar sempre que tem fome, de se reproduzir sem perder seus filhos e de se proteger contra a doença.

Henri Pradal, *Le marche de l´angoisse*
[*O mercado da angústia*], 1977

Mediante a epígrafe, pretendemos ilustrar, de modo geral, a ocorrência de variância das expressões psicopatológicas ao longo do tempo, o que revela a proeminência do transtorno de pânico como evidente distúrbio patológico recente.

Delineamos, anteriormente, não somente a criação do transtorno de pânico no interior da história da ansiedade, mas também as críticas ao pânico como categoria médica. Nosso intuito agora, é mostrar as matrizes sociais da emergência e difusão desse fenômeno, descrito como transtorno de pânico. Tomando por base Devereux (*apud* Costa 1989), aprendemos que a cultura fornece modelos de conduta normais e anormais, que são "prescritos e modulados em sua expressão, como os outros tipos de conduta social" (p. 18). Assim, para o entendimento do fenômeno, será necessário debater o estatuto do sujeito no mundo contemporâneo.

Sintetizando o que foi discutido até aqui, podemos indagar: por que, ao longo da história, a ansiedade tem adquirido ênfase nas formas mais severas, como o pânico? Uma resposta para a transformação da ansiedade em pânico seria que, atualmente, no imaginário cultural há duas características que facilitam apropriar-se dele, subjetivamente: a *sociedade do risco* e da *cultura somática*, dois tópicos que discutiremos. Um chama a atenção para o *corpo*, a cultura somática, e o outro alerta para o *risco permanente*, que podemos chamar, como muitos autores, de um cenário pós-moderno.

Ambiente pós-moderno: atmosfera de incerteza social

O ambiente em que o sujeito da pós-modernidade[43] "emerge" vem sendo amplamente discutido por autores

43 A noção de pós-modernidade sugere uma ruptura com a modernidade. Retrata as alterações que aconteceram no campo social e que trazem modificações no campo subjetivo, e vice-versa, promovendo diversos formatos ao sofrimento humano. Esse é um tema vastíssimo, estudado por diversos autores. Giddens (1990) propõe, em substi-

como Zygmunt Bauman e Anthony Giddens, que apontam para um quadro geral de mudanças profundas no cenário econômico, político e social que afeta a forma de ser e de se descreverem esses sujeitos. Embora possuam métodos distintos, ambos concordam que há um rearranjo nas formas de subjetividade, em virtude de mudanças ocorridas na sociedade, a saber: o avanço do modo de produção capitalista, a liberdade de mercado e a submissão da vida política aos ditames deste, desregulamentação e esvaziamento de instâncias garantidoras de direitos adquiridos (como o Estado), um cenário geral de perda de referências coletivas tradicionais, incerteza quanto à manutenção de vínculos duradouros com lugares, coisas e pessoas, entre outros, que vêm sendo indicados responsáveis por esta inflexão na constituição dos modos de ser e sentir.

Com o enfraquecimento das "grandes narrativas"[44] e, por conseguinte, das redes institucionais de doação de identidade, surge o que Costa (2004) denomina de angústia de destradicionalização[45], que seria essa crença no medo da

---

tuição à pós-modernidade, o termo "modernidade tardia", argumentando que o mundo moderno contemporâneo maximiza os riscos que gerações anteriores não tiveram que enfrentar. Bauman (2003), após ter utilizado a expressão "pós-moderno" ou "pós-modernidade" em vários livros, passou a preferir a expressão "modernidade líquida" para esclarecer confusões semânticas que vinham se instalando. Nossa época atual também é conhecida como "modernidade reflexiva" (Ulrich Beck) ou "supermodernidade" (Georges Balandier). Pretendendo minimamente compreender o contemporâneo, e entendendo que este é o resultado de um misto de ruptura e continuidade em relação à modernidade, não vamos nos deter nessa discussão, apenas utilizaremos, no decorrer da tese, os termos pós-modernidade e contemporaneidade como sinônimos.

44 *"Grand narrative"*, é uma expressão utilizada por Jean-François Lyotard, em *The post-modern condition* (Minneapolis: University of Minnesota Press, 1985), significando o "enredo" dominante por meio do qual somos inseridos na história como seres tendo um passado definitivo e um futuro predizível" (Giddens, 2001,. p. 12).

45 Destradicionalização aqui se refere ao termo utilizado por Thomas Luckman, no artigo "The privatization of religion and morality", em *Detraditionalization*. Cambridge, Oxford, UK, Blackwell Publishers, *apud* Costa, 2004, p. 15.

perda dos valores tradicionais. Entre o passado e o futuro há uma lacuna que a tradição visa preencher. Como assinala o autor (2004), a "tradição, ao iluminar o futuro com as luzes do passado, permite que as novas gerações ingressem no mundo com a confiança dos que pisam em terreno conhecido" (p. 12).

A crítica à contemporaneidade terá o intuito de aludir às suas descontinuidades em relação ao período Moderno. Ou seja, para compreendermos a atualidade, é preciso lançar um olhar para o passado, porém sem julgar melhor ou pior a atualidade ante o moderno, apenas realçando as mudanças que estão ocorrendo no campo social e que trazem alterações para o campo subjetivo e vice-versa, de maneira a modelarem, em certa medida, o sofrimento humano.

Tendo em vista que o tema da crise da modernidade é muito amplo, optamos pela discussão feita, principalmente por Bauman, (1998, 1999 e 2005) para pensar a contemporaneidade a partir da modernidade[46]. Assim, enfatizaremos dois desdobramentos da contemporaneidade nessa análise: o primeiro ressaltará o discurso do risco como forma de análise das descontinuidades da pós-modernidade diante da modernidade, apoiando-nos nos trabalhos de Spink (2001, 2006) e Furedi (2002), principalmente. O segundo viés analisa o processo segundo o qual cada vez mais o critério biológico, ou os atributos corpóreos são valores

46 É importante ressaltar o período histórico que o autor está considerando, uma vez que não há consenso acerca de como a modernidade deve ser datada. O que Bauman (1999) chama de modernidade compreende um período histórico que começou na Europa Ocidental do século XVII, com profundas transformações socioculturais e intelectuais, atingindo seu apogeu inicialmente como projeto cultural, com o avanço do Iluminismo, e depois como "forma de vida socialmente consumada, com o desenvolvimento da sociedade industrial" (p. 300).

que embasam os novos critérios morais de identificação dos sujeitos pós-modernos baseando-se principalmente no estudo de Ortega (2002) e indiretamente no trabalho de Rabinow (2002). Consequentemente, tais formas de subjetivação modelam as maneiras de adoecimento psíquico da atualidade, como veremos adiante. Para isto, tomaremos por base os trabalhos de Costa (2004), Bezerra Jr. (2000), e Lima (2004), fundamentalmente.

Há diversos autores que apontam para descontinuidades existentes entre a modernidade e a pós-modernidade. Para Bauman (1998, 1999), uma das descontinuidades refere-se à organização tempo e espaço que atinge e modifica as formas de existência dos sujeitos contemporâneos. Neste ponto, consideramos essencial expormos estas reorganizações, sociais e subjetivas.

As sociedades modernas, a partir da metáfora utilizada por Bauman (1999), eram organizadas em uma espacialidade concreta, sólida, permanente: "concreto e aço seriam a sua carne, a malha, ferrovias e rodovias os seus vasos sanguíneos" (pp. 24-25). Atualmente observa-se uma reorganização do espaço, não mais presa a localidades: não há mais a ideia clara de existir um "para frente", um "para trás" e um sentido de progresso.

Nesse sentido, Giddens (2001) afirma que as sociedades modernas – caracterizadas como "estados-nação" – tinham uma limitação definida. As fronteiras eram claramente identificáveis, a organização delimitada não só geograficamente, mas "com conexões que perpassavam o sistema sociopolítico do estado e a ordem cultural da nação" (p. 23). Para Lima (2004), essa organização espaço-temporal "estruturou a experiência de vida dos indivíduos e das coletividades, pois o senso de direção oferecia segurança às pessoas, ao delinear contornos claros para o fluxo instável da vida" (p. 10). A pós-modernidade, ao contrário, é por vezes desnorteante na sua fragmentação e na aceleração do ritmo das mudanças: a estratégia necessária para se viver hoje é viver o agora. O manejo do tempo do homem contemporâneo reflete a nova organização de seu mundo. Afirma ainda o autor:

> A provisoriedade se torna a regra, o que sabota a própria existência de regras e sua confiabilidade; a durável lealdade a grupos, territórios ou vocações dá lugar a uma gestão do presente, com ênfase na qualidade de adaptação. O movimento contínuo torna-se uma exigência, mas agora sem indicadores estáveis que apontem, no tempo, a direção a seguir. (p. 10)

Bauman (1998) acredita que houve, no cenário atual, uma inversão de forças entre o desejo de liberdade e a necessidade de segurança. O homem moderno abria mão de "um quinhão de suas possibilidades de felicidade" em prol da segurança, derivando daí a noção freudiana de "mal-estar na cultura" (p. 8). Esse mal-estar provinha de uma insatisfação por causa da renúncia ao livre curso das necessidades instintivas em prol da cultura, suas instituições e suas normas. Na atualidade, surgem outras fontes de inquietação. Se a sociedade antiga era, em muitos aspectos, mais rígida, a atual é, por vezes, desnorteante na sua fragmentação e na aceleração do ritmo das mudanças; se aquela opunha ao avanço do indivíduo obstáculos sedimentados na tradição, a de hoje já não oferece valores nem rumos claramente identificáveis. Ou seja, na descrição de Lima (2004):

> [...] o desejo de liberdade desbanca a autoridade da tradição. A ordem não foi abandonada, mas é procurada num jogo no qual o movimento espontâneo dos desejos individuais tem

primazia, ou pelo menos é perseguido como o valor em relação ao qual os outros valores devem se organizar. O mal-estar continua presente, mas hoje resulta da troca do opressivo compromisso com a segurança pelo volúvel e incerto fluxo da liberdade individual. (p. 11)

A *incerteza* é o sentimento dominante de nosso tempo, que se aplica tanto à experiência por meio da qual os sujeitos se definem, quanto a uma forma de se imaginar um mundo futuro e se viver nele. O que ocorre é que esse sujeito não está mais submetido às redes de segurança sociais tradicionais, nem tem mais o sustento e o amparo fornecido pelo Estado, que possibilitem, por exemplo, aliviar minimamente o desconforto trazido pela sensação de incerteza e insegurança. A tradição, classe, família, cultura local etc., referências antigas que legitimavam comportamentos, padrões de conduta, tiveram tal legitimidade questionada e seu poder normativo esgotado.

Alguns fatores são citados por Bauman (1998) como responsáveis por essa incerteza crônica que assola a contemporaneidade. Um *primeiro fator* seria o que ele denomina de "nova desordem do mundo". Com o avanço do neoliberalismo, na política internacional, as grandes nações representantes do poder que se opunham, depois do colapso do bloco comunista, nos distanciaram de uma apropriação do mundo como uma totalidade: um mundo que tinha um significado, que emanava de um centro dividido, mas único – dos dois enormes blocos de poder presos e colados um ao outro em eterno combate. Essa polaridade cedeu lugar a "multipolaridades instáveis", "forças dispersas e díspares" que geraram uma sensação de que "ninguém está no controle agora", [...] ou ainda, nas circunstâncias atuais, não está claro o que seria 'ter o controle'" (p. 65). Este seria um primeiro fator a contribuir para a sensação de incerteza crônica, predominante na sociedade atual.

Além de não dispormos mais de grandes contraposições de forças, de poderes, que nos apresentavam uma disposição social mais estável e preditiva, em certo sentido, temos um outro fator importante para a difusão do sentimento de insegurança, que é a política neoliberal ter se tornado um valor principal em nossa sociedade globalizada. A liberdade de mercado do capitalismo é considerada, por si só, como algo que seria capaz de garantir a igualdade de oportunidades entre os sujeitos. Além disso, encontra-se no lugar anteriormente ocupado pelos projetos coletivos ou pelas regras tradicionalmente ditadas pelo Estado. Com essa liberdade de mercado do neoliberalismo, nessa disseminação das regras de livre movimento de capital e das finanças, a economia é paulatinamente isentada do controle político. Em nome da liberdade global de movimento, "fica cada vez mais difícil, até mesmo impossível, reunir questões sociais numa efetiva ação coletiva" (pp. 76-77).

É o que Bauman (2003) denomina de era do desengajamento. O regime do panóptico, praticamente universal durante a era do "grande engajamento", fazia com que, por exemplo, a rotina imposta pelas "fabricas de disciplina" fosse detestada e provocasse ressentimentos. Entretanto, esse regime trazia algumas vantagens para os cidadãos, como ele afirma:

> Sua permanência estável fazia do engajamento mútuo uma moldura confiável em que os destinatários do arranjo panóptico também podiam inscrever confiantemente suas esperanças e sonhos em um futuro melhor; a solidez do engajamento

> mútuo fazia da luta por condições melhores uma luta digna de ser travada. Como os dois lados estavam "presos ao lugar" de modo similar e não tinham liberdade de movimento, tinha sentido que ambos procurassem uma acomodação aceitável em lugar de arriscar a confrontação e a guerra. (p. 43)

Tal modelo do panóptico, com suas estratégias de vigilância, monitoramento e correção de conduta está sendo rapidamente demolido para dar lugar à

> [...] autovigilância e automonitoramento por parte dos dominados, tão eficiente em obter o tipo correto (funcional para o sistema) de comportamento quanto o antigo método de dominação – apenas bem mais barato. [...] Ao contrário das colunas em marcha, os enxames são *coordenados* sem serem *integrados*. A sanção para a conduta imprópria é o prejuízo autoinfligido, e o prejuízo é atribuído à ignorância do interesse – do interesse individual e não do "bem de todos". O enxame pode mover-se de maneira sincronizada sem que qualquer de suas entidades tenha a mais vaga ideia do que significa o "bem comum". (p. 115)

E, além do desengajamento, um *terceiro fator* que contribui para a nossa sensação de incerteza, é o processo de esvaziamento dos laços afetivos entre os indivíduos. Os vínculos entre os sujeitos, que funcionavam como uma rede de segurança – como família, amigos, vizinhança – se fragilizam e se esfacelam, de tal maneira que os laços comunitários são minados pelo espírito de competição acirrada entre os iguais; consequentemente, o clima de incerteza permanente e de consumismo dificulta a possibilidade dos vínculos tornarem-se duradouros.

Nesse contexto, podemos falar de mudanças nos processos de construção de identidades. Na modernidade, já havia uma alteração em tais processos, uma vez que a identidade não era mais uma questão de herança ou atribuição e passava a ser uma *realização* baseada no esforço e nas responsabilidades individuais.

Diversos aspectos de nossa vida, então, como a ideologia, o padrão moral de conduta, passam a ser questão de decisão e escolha individual. Nesse sentido, podemos entender esta afirmação de Bauman (1998): "quando a tradição ou a transcendência deixaram de ser firmes avalistas de sua passagem pelo mundo, abriu-se o caminho para o nascimento da identidade, 'a mais essencial de todas as invenções ou criações modernas'" (p. 221).

Segundo o autor: "quando a identidade perde as âncoras sociais que a faziam parecer 'natural', predeterminada e inegociável, a "identificação" se torna cada vez mais importante para os indivíduos que buscam desesperadamente um 'nós' a quem possam pedir acesso" (Bauman, 2005, p. 30).

Citando Dencik (2001), Bauman (2005) completa:

> [...] as afiliações sociais – mais ou menos herdadas – que são tradicionalmente atribuídas aos indivíduos como definição de identidade: raça [...] gênero, país ou local de nascimento, família e classe social agora estão [...] se tornando menos importantes, diluídas e alteradas nos países mais avançados do ponto de vista tecnológico e econômico. Ao mesmo tempo há a ânsia e as tentativas de encontrar ou criar novos grupos com os quais se vivencie o pertencimento e que possam facilitar a construção de identidade. (p. 30)[47]

47 Retomaremos essa questão da busca por formação de grupos identitários no capítulo final.

O processo de individuação intensifica o sentimento de vulnerabilidade. Para vários autores, o modelo do consumidor passa a se configurar como um eixo cultural e subjetivo desse modo de viver pós-moderno, que exige indivíduos que busquem intensamente o prazer, e cada vez menos se interessem por algo que seja similar a compromissos ou dependências. Bauman nomeia os sujeitos contemporâneos de "colecionadores de sensações", pois seu afã de consumo liga-se muito mais a experiências sensórias que à posse de bens materiais. No que se refere a essa questão, Lima (2004) acrescenta:

> Para Bauman, o "teste de pureza" requisitado para ser admitido na sociedade de consumo é mostrar-se capaz de desejar, seduzir-se e deleitar-se com a renovação constante e a multiplicidade de ofertas e adereços identitários. Os indivíduos não devem apenas se deixar seduzir, mas querer e buscar ativamente serem seduzidos. Internalizando as pressões da cultura, eles apropriam-se de suas compulsões como se representassem um livre exercício de sua vontade. A insatisfação e a busca permanentes de novos "produtos", sejam eles pessoas, experiências ou sensações, mantêm vivo e recicla cotidianamente um estilo de vida completamente adequado às necessidades do mercado livre globalizado. (p. 16)

Essa atmosfera social abalou as bases do sentimento de confiança e segurança dos sujeitos, visto que as relações que mantinham as pessoas vinculadas perderam sua relevância. Ou seja, a confiança que a identidade coletiva gerou no passado foi dissipada.

A individuação sem um processo paralelo de reintegração em uma nova rede social pode contribuir para perpetuar essa atmosfera de desconfiança. Em particular, ela pode alterar as interações entre as pessoas: outrora vizinhos e colegas de trabalho podiam ser vistos como amigos e aliados; hoje, eles são mais comumente reconhecidos como competidores e ameaças em potencial.

O sujeito em presença de incertezas e riscos procedentes da liberdade de escolha vive em um ambiente que, por um lado, inviabiliza um sentimento de confiança mínimo; por outro, cria expectativas e exigências, entre elas, por exemplo, se submeter à alta competitividade, cultuar a flexibilidade, ter uma *performance* invejável, exaltar a competência pessoal, etc.

Alguns autores estudam esse conflito nomeando as bases em que está assentado, ou seja, na noção de risco. Autores como Beck (1993, 1998, 2003), Giddens (1991), Furedi (2002), Lupton (1995), Douglas (1997), Spink (2001, 2002, 2005) vêm estudando a sociedade contemporânea fundamentando-se no risco. Segundo Spink (2005), falar em risco é uma prática essencialmente moderna. O vocábulo surgiu, provavelmente, para "dar conta de novas sensibilidades que abriram o futuro à gestão por meio do planejamento. Uma racionalidade baseada no cálculo a partir da coleta de séries de eventos" (p. 5).

Diversos são os caminhos que podem ser seguidos na abordagem da temática do risco, que pode ser compreendido em um sentido de *governamentalidade*, ou seja, ao governo das populações; em uma perspectiva da Epidemiologia, em seus discursos sobre os fatores de risco (*risco-saúde*); pelo grupo dos que se preocupam com os artefatos tecnológicos, isto é, com riscos manufaturados (*risco-tecnologia*); e por fim, com referência aos ecologistas, que têm em comum a impossibilidade de aceitar a natureza tal como ela é (*risco-ambiente*). Nesse sentido, o que está em pauta é a probabilidade de perdas.

Esse fenômeno complexo vem sendo abordado por vários autores, que se referem à privatização do risco. O cuidado com a saúde, segurança etc. dependeria agora dos indivíduos, e não mais do Estado ou de alguma instituição detentora de tal poder.

Entre as complexas versões acerca do risco, ficamos com aquela que o considera como um constructo social, analisando que está havendo uma intensificação das estratégias de controle sobre a vida, como um aprofundamento do biopoder, instaurado no século XVIII. Embora a origem de muitas práticas e discursos intensificados tenham origem nos trabalhos de Foucault, percebemos que agora adquirem um novo *status* social. Trata-se da sociedade "pós-disciplinar", em que prescrições e regras de vida da medicina não apenas estão atreladas, mas parecem ser de fato responsáveis pela felicidade e pelo bem-estar psíquico dos sujeitos. A encarnação dos ideais e das prescrições médicas na família não oferecem mais garantias, tendo em vista a crise da instituição familiar, ao menos a que tem por modelo a família nuclear burguesa. Paralelamente, há o esvaziamento do Estado, cabendo então ao indivíduo a responsabilidade de gerenciar a sua própria vida, cuidar de si e de sua própria saúde, um processo que pode ser entendido como privatização da saúde e da felicidade (Rodrigues, 2005).

Ou seja, há todo um sistema de poder e dominação que se cria em torno do risco. Este fenômeno traz consigo a possibilidade de novas configurações sociais e subjetivas. Como exemplo da intensificação das estratégias biopolíticas, podemos mencionar a caracterização dos fenômenos de culto ao corpo ou da cultura somática e de valorização dos ideais de saúde vigentes na atualidade, os quais retomaremos mais adiante. No momento, nos interessa analisar, como ressalta Sennett (*apud* Lima 2004) "como a *cultura do risco*, que emana da vida empresarial, infiltra-se nos modos de ser e viver em nossa época" (p. 19).

Queremos caracterizar por meio do estudo do risco, ao menos dois polos do nosso ambiente sociocultural que "predispõem" os sujeitos a distúrbios como o pânico, os quais seriam:

- caracterizar o ambiente de risco pós-moderno, com base na noção de que o sentido de risco vem migrando ao longo do tempo, sendo deslocado do risco-probabilidade, em que havia uma perspectiva de cálculo e previsão do futuro, para o risco-aventura, em que não há probabilidade de cálculo possível, nesse mundo onde a mudança e a flexibilidade passam a ser a norma;
- mostrar de que modo essa sociedade de risco cria exigências e expectativas que são difíceis de serem alcançadas, como ter que se submeter à alta competitividade, exaltar a *performance* e competências pessoais;
- mostrar que tal sociedade maximiza os perigos imaginários, principalmente pelo discurso científico e pela mídia, que ajudam na construção e difusão desse imaginário coletivo.

O mal-estar na contemporaneidade a partir da ótica do risco

Não há dúvida de que na história da humanidade sempre houve enfrentamento de perigos, sejam provenientes de alterações da natureza, catástrofes naturais, sejam aqueles que diziam respeito às guerras ou danos do dia a dia, ou ainda, aqueles que hoje caracterizaríamos como sendo causados pelos estilos de vida. Porém, afirma Spink (2001), esses eventos não eram considerados riscos: "eram referidos como perigos, fatalidades, *hazards* ou dificuldades, mesmo porque a palavra risco não estava disponível nos léxicos das línguas indo-europeias" (p. 4). Esse é o sentido de *risco-perigo,* cuja polissemia variava desde a ameaça, perda, sorte, azar, fortuna, fatalidade, obstáculo, ventura, destino.

Nesse tipo de sociedade, pré-capitalista, embora houvesse uma disposição acerca do futuro, não havia uma predisposição para o cálculo, não se via o futuro como passível de controle. Percebemos, então, a ocorrência de uma transição, que resultou no surgimento da palavra risco, que se trata da passagem de uma sociedade pré-capitalista para uma sociedade regida pelo Iluminismo, a qual buscava controlar e predizer o futuro pelas vias da razão. Nesse sentido, emerge o risco com um sentido de probabilidade, cálculo, como ressaltado em Spink (2001):

> [...] a transição de um futuro pautado em solidariedade para outro marcado pelo cálculo de riscos pode ser traçada a partir dos repertórios linguísticos disponíveis para significar o futuro. Há [...] uma incorporação gradativa de termos, passando de fatalidade à fortuna (Giddens, 1991) e incorporando palatinamente os vocábulos *hazard* (século XII), perigo (século XIII), sorte e chance (século XV) e, no século XVI, risco. (p. 5)

Há uma migração do sentido de *risco-perigo* para o de *risco-probabilidade* (que se aproxima da aposta, chance, seguro, probabilidade, prevenção). Para Bourdieu (*apud*

Spink, 2001), as disposições do futuro não podem ser desvinculadas das condições materiais de existência. Portanto, a maneira como os indivíduos se relacionam com o futuro, exigindo previsibilidade e cálculo, gera o "clima propício à incorporação plena da perspectiva do risco" típica da modernidade, em que o futuro era tratado com base em previdência, em se buscar saber de antemão o que aconteceria a partir da tradição, da identidade entre tempo de trabalho e tempo de produção. Considerar o futuro como passível de previsibilidade e cálculo é típico de sociedades capitalistas, sociedades de controle. A autora afirma ainda que

> [...] a pré-modernidade à modernidade clássica, a gestão dos riscos se formata em duas vertentes distintas: a prevenção e a aposta. Ambas são frutos da crença na racionalidade, mas geram mecanismos de controle distintos. Na vertente da prevenção, o principal mecanismo de controle é a norma, definida por meio da média estatística. Já na vertente da aposta, elemento essencial do comportamento em uma economia liberal, o principal mecanismo de gestão é a tomada de decisão informada que privilegia o processamento da informação numa perspectiva cognitiva intraindividual. (p. 18)

Na atualidade, porém, evidencia-se uma nova forma de se relacionar com o futuro. Hoje, o futuro é tratado como espaço de potencialidades possíveis de um sujeito em constante mudança. Nesse sentido, há o imperativo da "aposta", ou seja, há um discurso ligado à vontade de correr riscos e de fazer opções ousadas. Spink (2001) analisa essa modalidade de risco em seu trabalho "*Trópicos do discurso sobre risco: risco-aventura como metáfora na modernidade tardia*", em que aponta as transformações que vêm ocorrendo nas imagens sobre o risco, buscando destacar o uso crescente do *risco-aventura*[48] como metáfora da contemporaneidade, ocorrida a partir da migração da sociedade de controle para a sociedade do risco. Nesta, o sentido de risco aproxima-se de aventura, adrenalina, emoção radical, desafio, ousadia.

É importante ressaltar que a linguagem do risco cumpre diversas funções, ocupando diferentes lugares em nossa sociedade. O que a autora chama de risco-aventura parece ser um anteparo para lidar com processos de destradicionalização típicos pós-modernos, bem como uma nova forma de controle social, no que se refere a uma forma específica de se relacionar com o futuro, característica das sociedades pós-modernas.

Em sua pesquisa bibliográfica sobre a emergência, a circulação e o uso da linguagem do risco, Spink analisou a perspectiva do risco em diferentes domínios do saber: seu emprego no contexto dos jogos, da economia, da saúde, da tecnologia e da biotecnologia[49]. Os argumentos que privilegiamos no estudo da autora são aqueles que abordam o fenômeno do risco como uma produção cultural e enfatizam as transformações que vêm ocorrendo nas imagens sobre o risco, a fim de destacar o uso crescente do risco-aventura como metáfora da modernidade tardia.

Há a emergência, na época presente, de diferentes anteparos em reação ao fenômeno da destradicionalização, entre

48 *Risco-aventura* é um termo proposto pela autora com que ela se refere às novas modalidades de aventura e aos novos usos de antigas modalidades de jogos de vertigem. É uma dimensão diferente em relação aos riscos, que é classificada sob a denominação de "risco desejado". Tal dimensão do risco refere-se "às atividades ou eventos que têm incertezas quanto aos resultados ou consequências, e em que as incertezas são componentes essenciais e propositais do comportamento" (Machlis e Rosa, *apud* Spink, 2006).

49 Não abordaremos essas dimensões de risco aqui. Para maior contato com o trabalho da autora, ver Spink 1997, 1998, 1999, em que ela faz uma revisão da literatura e fornece uma visão panorâmica dos sentidos históricos de risco.

eles a busca do sentido da vida na emoção e na adrenalina. Existe, segundo Spink (2001), uma velha conexão entre o risco e a aventura e entre o risco e a aposta. Este último sentido ganha espaço e visibilidade profunda no domínio da economia. A autora cita como exemplo a revista *Exame*, que trazia como tema da capa a reportagem intitulada: "Os homens do risco".

A reportagem argumentava a favor da tese de que sem perigo não se avança no projeto da modernidade. Parafraseando Bernstein (1997), o autor da matéria afirma que é imprescindível os instrumentos para a administração de riscos em profissões como a Engenharia, em que, sem o domínio de probabilidades, não haveria como se projetar grandes pontes, as casas ainda seriam aquecidas por lareiras e viagens espaciais seriam inimagináveis. A capacidade de gerir riscos e a vontade de fazer opções ousadas são elementos-chave da energia que impulsiona o sistema econômico (Fuks, *apud* Spink, 2001).

Para Spink (2001),

> Essa modalidade de enfrentamento de riscos é fortemente marcada pela aventura, definida aqui apenas como a disposição de correr riscos. Trata-se de um componente importante da modernidade, expressa, por exemplo, na disposição de investir, motor principal da economia liberal. Há, aliás, um fértil campo de pesquisa voltado ao estudo do comportamento do *homo economicus*, que busca entender a tomada de decisão em situações de risco. [...] Entretanto, deparamos hoje com novas modalidades de aventura, seja na vertente dos esportes radicais, seja na busca da emoção exacerbada pelas drogas lícitas e ilícitas. Alguns autores [entre eles Giddens, 1991; Le Breton, 1996] vêm procurando entendê-las à luz das características da sociedade de risco, situando-as como

formas de anteparo aos processos de destradicionalização que acompanham a globalização. (pp. 11-12)

A autora toma como referência principal do risco-aventura um fenômeno que se expressa de diversas maneiras, entre elas, a busca por esportes de risco, "jogos de vertigem", em diferentes variedades. Segundo Caillois (*apud* Spink, 2001), essa versão do risco pode ter formas culturais e institucionais, bem como formas corrompidas.

> As *formas culturais* englobam todas as modalidades de esportes que exaltam a velocidade, a adrenalina, a obliteração da razão pela concentração total na ação. [...] As *formas institucionais* se fazem presentes, sobretudo nas profissões que exigem o domínio da vertigem" (p. 13, grifos do autor) tanto aquelas tradicionais profissões do risco – guias de montanha, bombeiros, entre outras – como também as novas, como "um grupo ocupacional que reivindica para si um conhecimento abstrato e exclusivo sobre como lidar com riscos específicos, assim como a habilidade de prover serviços especializados para gerenciar esses riscos. (Ericson e Haggerty, *apud* Spink, 2001)

Caillois propõe ainda que há formas corrompidas dos jogos de vertigem em que a razão é obliterada, por exemplo, pelo uso de drogas psicotrópicas, sejam elas lícitas ou ilícitas. Essa é a forma de risco que David Le Breton [1996] chama de *blancheur*. Trata-se do inverso da vertigem e do desafio – em que o risco é ativamente buscado – com a atração direcionada para o menos e não para o mais: longe de provocar a morte, há um doce abandono a ela por meio do álcool, da droga, da fuga ou da vagabundagem (p. 12).

Nesse sentido, diz a autora, a aventura vem sendo incorporada ao cotidiano dos indivíduos como estratégia de edificação. E no que se refere às "formas corrompidas" da busca pela vertigem, pelo frisson, pela adrenalina, Le Breton (*apud* Spink 2001) afirma que "quando o sentido da vida escapa, quando tudo é indiferente, o ordálio é uma solução. É a única estrutura antropológica que pode dar uma segunda chance. Ela metaforiza a morte por meio de uma troca simbólica em que o ator aceita que, para poder tudo ganhar, arrisca tudo perder" (p. 15).

Para Spink, a pós-modernidade é ambivalente, pois divide-se entre a positividade do risco tomado como aventura, discurso esse reforçado e "vendido" pela mídia, e o imperativo da segurança. Utilizando a célebre expressão de Beck (*apud* Bauman 2003), viver em uma sociedade do risco (*Risikogessellchaft*), bem como ter uma vida de risco (*Risikoleben*) é conviver com uma sociedade em que a "ideia mesmo de controle, certeza e segurança... entra em colapso" (p. 58). Nas palavras de Bauman (2003):

> [...] e porque em nenhum outro lugar da sociedade essa certeza e essa segurança – e particularmente a sensação tranquilizadora de "saber com certeza o que vai acontecer" – entraram em colapso tão retumbante como no território subdefinido, subinstitucionalizado, sub-regulado e com frequência anômico da extraterritorialidade habitada pelos novos cosmopolitas. (p. 58)

Sob esta ótica, interessa destacar um outro autor, Frank Furedi (2002) que aborda a temática do risco em sua relação com a temática da segurança. Em *Culture of Fear,* ele analisa uma faceta do discurso-risco que auxilia não só na instauração de um ambiente favorável à aceitação e difusão do medo social, mas também na promoção de diferentes estratégias de criação, por meio dos discursos de risco e de atmosfera permeável a esse tipo de discurso muitas vezes denominado "alarmista" pelo autor. O papel da mídia ao produzir ou difundir tal discurso, é uma temática amplamente explorada pelo autor. É o que veremos a seguir.

Risco X segurança: incertezas atuais

Na atualidade, embora as pessoas sejam mais saudáveis e vivam mais do que em tempos antigos, pesquisadores e escritores argumentam que novos perigos tecnológicos têm proporcionado ao risco um caráter ilimitado, sendo mais difícil, e em alguns casos até impossível, calcular os problemas envolvidos nos desenvolvimentos científicos.

Em razão do rápido ritmo dos eventos e das forças globais em atividade, hoje se pondera que as ações humanas causem mais consequências incalculáveis e de longo-alcance jamais vistas anteriormente.

Assim, o conceito de risco a que nos reportamos já não transita apenas na esfera da técnica de procedimentos na indústria e pesquisa, mas se refere ao âmbito da sociedade. O conceito extrapola esses domínios e se estende até os campos das biografias, do mercado de trabalho, da segurança material, dos problemas de saúde, conjugais, de filiação etc., ou seja, em todos os espaços temáticos possíveis.

Os riscos, portanto, para Furedi (2002)

> [...] são constructos sociais erigidos pelo conhecimento, pelo público, pela participação de especialistas e contra-especialistas, pelas suposições de causas, pela distribuição de custos e construções de responsabilidade, [...] que se vinculam a determinadas relações de poder que, por

> sua vez, se cristalizam nos sistemas científico e jurídico. (p. 137, traduções nossas)

O aumento da consciência do risco é proporcional ao declínio dos chamados valores tradicionais, revelando a prevalência da ansiedade social e a desconfiança do público em fontes tradicionais de autoridade. Acessos de pânico quanto a assuntos de saúde, alimentação, ambiente, etc. manifestam uma clara desconfiança na autoridade e dos sujeitos em si mesmos.

Nas sociedades pós-disciplinares, as estratégias de controle se intensificam, mas perdem o elo com o indivíduo. Há um desenvolvimento das tecnologias de segurança, que se tornam complexas. Por exemplo, na internet, o sujeito se sente seguro, entretanto há instituições que o vigiam ininterruptamente; neste caso, trata-se de um "panóptico" virtual. Nota-se uma ruptura, então, da esperança de cálculo, porque, quando a complexidade aumenta, o cálculo fica mais difícil de se efetivar.

Portanto, retomando a análise de Bauman, segundo a qual o mal-estar contemporâneo refere-se à "escolha" da liberdade em prol da segurança, teríamos o que podemos designar de consequências da chamada sociedade de risco (Beck, 1993, 1998). Para ele,

> [...] o risco sempre foi o valor celebrado desde os primeiros passos do capitalismo moderno. Agora, porém, sua disseminação torna-se mais ampla, e ele assume o estatuto de um imperativo. Arriscar-se prova que não se é fraco nem passivo, que se sabe jogar o jogo: é uma nova "prova de caráter". (Lima, 2004, p. 20)

Acreditamos que essa característica da sociedade atual tem implicações diretas com a questão do pânico, que emerge do processo de desestruturalização ou ruptura das estratégias de segurança. Em linhas gerais, existem dois imperativos que perpassam esta sociedade, dos quais um deles pode ser traduzido por um incentivo para o sujeito arriscar-se, como proposta de sociedades individualistas competitivas.

Hoje, o espaço público e o imaginário social são preenchidos pela emissão constante e indiferenciada de imagens televisivas e publicitárias que, como o grande Outro da contemporaneidade, não contribuem para o crescimento progressivo das crianças, com algumas medidas de disciplina, pelo contrário, estimulam-nas para que evoluam, sejam arrojadas e usufruam ao máximo a cultura das "sensações".

Por outro lado, essa mesma cultura, utilizando-se dos meios semelhantes (incluindo os *mass media*), fornece mensagens implícitas aos sujeitos advertindo que devem ter precaução, alegando que eles estão frequentemente expostos a perigos relacionados à alimentação, ao ambiente, à violência e a tantos outros.

Como afirma Cohen, (*apud* Bauman 2003), a violência urbana está entre as três principais causas da ansiedade e infelicidade ao lado do desemprego e da velhice desamparada. Portanto, do ponto de vista da percepção pública, há a crença de que a vida urbana está eivada de perigos e que uma das mais urgentes medidas destinadas a restaurar a segurança dos cidadãos é "livrar as ruas dos ostensivos e ameaçadores estranhos" e tais medidas aparecem como verdade evidente por si mesma, que não precisam de provas e nem admitem discussões.

Parte desse pensamento, para Furedi, é proveniente do discurso alarmista que, na maioria das vezes, é caucionado pelo discurso científico e amplamente aceito pelos sujeitos.

Em relação a essa questão, estamos nos referindo aos estudos desenvolvidos nos Estados Unidos (EUA) por diferentes autores, entre eles, Glassner (2003), em *Cultura do Medo*, que apontam para fatos como os de que, naquele país, por exemplo, o número de homicídios e demais crimes violentos – ao contrário do que a mídia apresenta – sofreu um significativo decréscimo. Ou seja, nessa linha de argumentação, o aumento da nossa percepção do perigo não se relaciona necessariamente ao perigo real de ameaça às vidas dos indivíduos. De acordo com Glassner, no que diz respeito à violência, os índices de criminalidade caíram nos EUA durante toda a década de 1990, embora dois terços da população acreditem que houve aumento[50]. São citados diversos

50 Isso de maneira nenhuma quer dizer que estamos satisfeitos com o índice de criminalidade nos EUA, que é um dos mais altos, por exemplo, entre os países industrializados, juntamente com o Brasil. A população assustada está propensa a se defender, ou se armar, como é o caso dos EUA; e isso implica em mais morte e mais violência. Pesquisas realizadas no Núcleo de Estudos sobre Violência (NEV), em São Paulo, indicam que a questão do medo e da mídia no Brasil refere-se, principalmente, à violência urbana e percebemos que, no Brasil, o fenômeno do pânico associado à violência urbana também é frequente. Segundo Costa (1993), no artigo "*O medo social*", afirma que na montagem social violenta se perde um pouco a noção do que é risco real ou potencial. A expectativa do perigo iminente faz com que as vítimas potenciais aceitem facilmente a sugestão ou a prática da punição ou do extermínio preventivo dos supostos agressores potenciais. "Todos se sentem vulneráveis: todos buscam atacar primeiro; todos vivem sob os termos da represália. O clima de insegurança e o vivido persecutório generalizam-se. Os agressores tornam-se mais audazes e ferozes, procurando surpreender as vítimas antes de serem surpreendidos; os agredidos tornam-se mais dispostos a conceder aos bandos de extermínios carta aberta para fazer o que quiserem, alegando o que bem queiram. É daí que nasce o medo social, o pânico com características fóbicas. Visto que o inimigo está em todo lugar e pode apresentar-se nas situações mais imprevistas, sob qualquer aparência, tem-se que nomeá-lo e dar-lhe uma visibilidade imaginária qualquer. A palavra violência vira uma entidade. O invisível e imprevisível parecem dessa maneira corporificar-se." (p. 86). A questão é bastante complexa. Existem diferentes fatores, como enumera, por exemplo, Ceccato (2006), no artigo, "A indústria do medo". A autora problematiza uma série de questões, entre elas, o faturamento diante de reações como o medo, ou seja, há toda uma indústria lucrando com a questão da promoção da segurança da população, que faturam com a "crescente sensação de pavor da população, que não se justifica

exemplos de reportagens alarmistas, em que a violência é superenfatizada e tratada de modo espetacular. Como resposta, a sociedade demonstra um mecanismo de reação excessiva (*over-reaction*) de medo e pânico.

Isso é válido também para outros temas relevantes da atualidade, como questões referentes à saúde dos indivíduos. Por exemplo, os medos da população americana em relação à saúde parecem ilimitados, havendo uma preocupação excessiva com pseudodoenças, ou com pânicos gerados por reportagens alarmistas, como a de vítimas da bactéria "comedora de carne", que a imprensa americana noticiou como "supermicróbios", e que estávamos todos totalmente vulneráveis a esse risco. Essa pseudoepidemia, na verdade, teve como resultado apenas doze mortes, em 2002. De acordo com a opinião dos médicos especialistas, Glassner (2003) afirma que

> [...] das 20 ou 30 milhões de infecções por bactérias que ocorrem todos os anos nos EUA, menos de uma em mil envolve complicações sérias de estreptobacilo do grupo A, e apenas de 500 a 1500 pessoas sofrem da síndrome da bactéria comedora de carne [...]. Porém, o medo persistiu. (p. 21)

pelas estatísticas". Porém, não é nosso objetivo, até mesmo por sua complexidade, abordar esse fenômeno neste trabalho. Este, por si só, é merecedor de uma análise e aprofundamentos à parte. Deixaremos a análise deste tópico da violência para os especialistas, e nos deteremos em outros aspectos, mais próximos a nossa área de investigação. Recomendamos a leitura de Pinheiro, Paulo Sérgio. Prefácio à edição brasileira; Glassner, Barry. *Cultura do medo*, trad. Laura Knapp, São Paulo: Francis, 2003; Adorno, Sérgio. O Gerenciamento Público da Violência Urbana: a justiça em ação. In Pinheiro, P. S (et al.). *São Paulo sem medo:* um diagnóstico da violência urbana. Rio de Janeiro: Garamond, 1998, bem como outros autores pertencentes ao NEV (USP) para um conhecimento mais amplo sobre o tema. Recomendamos também Malagutti, Vera. *O medo na cidade do Rio de Janeiro:* dois tempos de uma história. Rio de Janeiro: Revan, 2003.

Os sujeitos, portanto, encontram-se acuados em meio a um conflito entre esses dois imperativos, um que incentiva a busca por riscos – "arrisque-se" –, e outro que é o discurso da precaução – "proteja-se dos riscos que a vida oferece continuamente" –, que, muitas vezes, se expressa de uma maneira alarmista ou catastrófica. Por isso, vamos utilizar o texto de Furedi (2002) explorando o que ele afirma acerca dos alarmismos, das metáforas do que chamamos de "risco-proteção" em nossa sociedade.

Não se trata apenas de respostas às incertezas, mas das dúvidas do potencial humano para resolver conflitos e dilemas. É uma tendência que deixa evidente a decadência da sociedade. A convergência da insegurança com a sensação de que nós temos que fugir das respostas intitula-se pânico, segundo Furedi (2002). Em sua compreensão do pânico moral, afirma que consiste em "um inesperado sentimento de alarme ou medo, usualmente afetando um corpo de pessoas, e levando à esforços extravagantes ou insensatos para assegurar sua segurança" (p. 45). Para o autor, há uma disposição da sociedade para o pânico, e tal disposição é encarada como uma resposta ao que é pedido pela sociedade: manifestações públicas de ansiedade. Por exemplo, "*Be very afraid*" é o título de um artigo publicado em um principal jornal diário britânico, em que o autor denomina tais expressões individuais e coletivas de ansiedade de *pânicos irracionais.*

Furedi aponta as atitudes de pessoas da sociedade como indicativas de pânico, caracterizando-as como "reações-extremadas", que não têm relação adequada com o perigo real específico. Para ele, na sociedade existem diferentes tipos de pânico, e não há nenhum estudo cujo objetivo seja compará-los, com o intuito de checar se eles teriam algo em comum, fazendo parte de algum padrão social, uma espécie de sociologia dos pânicos contemporâneos.

Ocasionalmente, pessoas se engajam em alguma discussão sobre um evento específico ou pânico, como o caso dos pânicos morais. A regularidade de aprovação de algumas destas causas asseguram sua aceitação, relativamente sem críticas. No limite, seriam as respostas avessas ao risco da sociedade, uma reação excessiva e desproporcional à ameaça real à vida dos indivíduos. Porém, há diversas maneiras de interpretar tais reações. O que o autor chama de pânico, muitas vezes, pode ser entendido pela mídia como uma maneira responsável de perceber diferentes situações como perigosas.

Estudos têm mostrado que a ênfase da mídia sobre certos crimes ou doenças levou o público a adquirir um alto senso de perigo em relação a eles. No entanto, a mídia não pode ser considerada como a causa do problema, apenas constitui um sintoma do problema. Furedi (2002) afirma que: "a mídia não é o único agente tecnológico que se mantém como responsável pela contemporânea inflação da sensação de risco [...]. O poder da tecnologia em estender nossas percepções do mundo natural tem mudado mesmo nossos princípios mais fortes" (p. 53).

A preocupação da mídia com o risco é um sintoma do problema, mas não é a causa, pois já existe nos indivíduos um estado de expectativa ansiosa propícia ao pânico e uma disposição para um resultado adverso. A mídia atuaria, nesse aspecto, como intensificadora dessa sensação, exercendo o importante papel de modelar a percepção da sociedade acerca do risco, a maneira como o risco é estruturado, as interpretações concernentes ao risco, os símbolos, as metáforas e o discurso que são utilizados para caracterizá-lo

(Furedi, 2002, p. 53). O autor cita alguns exemplos de como um problema trivial pode se transformar em grandes campanhas de medo nos EUA[51].

Volkwein, *apud* Furedi (2002), realizou um estudo sobre o aumento da percepção de violência no *campus* universitário, demonstrando que nas universidades, "há uma ampla percepção de que a vida tem se tornado mais e mais violenta" (p. 16), embora os índices da estatística de crimes violentos e de propensão para o crime tenham diminuído, e os estudantes estejam consideravelmente mais seguros no *campus* do que nas cidades e comunidades que os rodeiam[52].

Essa é uma outra faceta da sociedade de risco, que reafirma a incapacidade das pessoas em lidar com os riscos. Vivemos num mundo em que as soluções são desacreditadas, e as pessoas acham difícil permanecer confiantes em nossa sociedade capitalista, embora não possamos atribuir isto unicamente à esfera econômica. Compartilhamos de uma crise econômica, do crescimento do desemprego, mas tais acontecimentos por si só não levam a uma perda de confiança na sociedade do futuro. Ademais, estamos em uma era de consultorias, principalmente na área de administração de empresas, que são contratadas para supervisionar as relações humanas cotidianas em uma variedade de esferas.

Um argumento utilizado para legitimar a desconfiança é o crescimento do individualismo e a falência da comunidade,

51 O papel da mídia na difusão e construção dos pânicos morais é uma variável importante das formas de constituição subjetivas atuais. Porém, não é nosso objetivo nos determos nessa questão. Para um maior aprofundamento sobre o tema, ver Furedi (2002).

52 Com isso, não pretendemos generalizar a hipótese da redução de violência em diversos setores da sociedade nem reduzir a complexidade do problema a uma questão apenas de superestimação do perigo por parte dos indivíduos. A violência é um fenômeno complexo, e tem que ser estudado caso a caso, pois há inúmeras variantes a considerar.

que, principalmente a partir de 1980, tem aumentado em detrimento da sociabilidade e da inclinação cívica. Problemas como a crise da instituição familiar, criminalidade, entre outros, são atribuídos à intensa sensação de individualismo, que prevalece na maioria das comunidades. O individualismo hoje é cada vez menos freado por valores socialmente compartilhados. Uma vez que as relações que mantinham as pessoas vinculadas perderam sua importância, o sentimento de confiança ficou abalado.

Para vencer o perigo da dinâmica destrutiva do individualismo, torna-se necessária uma moralidade de cooperação e uma rede de instituições secundárias – igrejas, sociedades cooperativas, associações profissionais etc. – que ajudam a mediar o autointeresse por meio da criação de vínculos coletivos.

O crescimento da individuação e o enfraquecimento da sociedade têm ajudado a criar a impressão de uma existência fragmentada, cuja principal demanda é a precaução. Em anos recentes, essa crença tem propiciado a formação de uma nova moralidade, baseada na desconfiança das pessoas, em que há um exercício de precaução e de se evitar o risco. É o que afirma Bezerra Jr. (2002), em seu texto "*O ocaso da interioridade e suas repercussões sobre a clínica*", no qual comprova que o sujeito pós-moderno não está mais submetido às redes de segurança sociais tradicionais, não tem mais o sustento e o amparo fornecidos pelo Estado, que possibilitariam minimamente aliviar o desconforto trazido pela sensação de incerteza e insegurança.

Essa questão da responsabilização do sujeito pelos seus destinos atinge também a esfera da saúde pública. Paulatinamente, houve um deslocamento nas estratégias de intervenção, motivando o abandono gradativo da idéia de que a saúde é um dever do Estado e direito dos cidadãos, e a adoção de um quadro ideológico que transfere essa responsabilidade para os indivíduos. O sujeito, assim, passa a administrar os riscos à saúde, diminuindo as possibilidades de adoecimento e otimizando, por conta própria, os recursos de que dispõe.

Para o autor, há fatores em nossa cultura que reforçam essa tendência. O primeiro deles é a crise dos valores tradicionais, como religião, política e história: "essa crise abriu espaço para a hegemonia da ciência como discurso totalizante, capaz de fornecer não só explicação para os fatos do mundo, mas também – e essa é a novidade – significação para os acontecimentos da existência" (p. 233).

O outro fator refere-se aos avanços na área da tecnologia, que tem transformado a realidade em que vivemos, modificando a nossa visão de mundo não apenas no campo da informática, mas principalmente, na esfera das biotecnologias. Segundo Bezerra Jr. (2002):

> A hegemonia do mito científico como fonte de sentido invade o modo como os indivíduos se apropriam de sua experiência subjetiva. A difusão, no imaginário social, de explicações fisicalistas do funcionamento da mente e do sofrimento psíquico, por exemplo, estimula o privilégio concedido à dimensão biológica da vida subjetiva em detrimento da psicológica ou intersubjetiva. (p. 235)

Sumariamente, o cenário contemporâneo amplifica a sensação de vulnerabilidade do sujeito, e assim, seu desamparo. Num mundo onde as mudanças acontecem velozmente, em um ritmo acelerado, o sujeito que não se adaptar a elas, sofre as consequências de "ficar para trás", em várias esferas, no mundo competitivo.

Outro pilar na construção identitária contemporânea, que se refere ao discurso científico que cauciona o novo sentido dado ao pânico, relaciona-se amplamente à questão das identificações a partir do critério somático. Vários autores destacam a forma como o corpo ganha potencialidade na construção identitária dos indivíduos, resultando na aquisição de características somáticas por parte das psicopatologias, entre elas, a sintomatologia hoje denominada pânico. É com esses autores que vamos dialogar sobre a comunidade do corpo e a construção de bioidentidades.

O refúgio na comunidade do corpo

A ascensão de imagens, discursos e práticas que tomam o corpo como objeto e como sujeito, constitui o estofo do ideal social contemporâneo. A sua importância e rápida disseminação estão associadas às transformações pelas quais as sociedades ocidentais vêm passando desde a segunda metade do século XX.

Costa (2004), em "A personalidade somática de nosso tempo", retoma a questão da crise de valores da pós-modernidade que já expusemos. Para ele, a questão básica foi a mudança de ênfase, ou seja, em meio à profusão de referências, o discurso da ciência vem se destacando por sua força e capacidade de convencimento, tornando-se a principal referência para os indivíduos.

Podemos argumentar, com o autor, que o culto ao corpo e o ideal de saúde, ambos provenientes do discurso científico atual, e estimulados por ele, têm provocado mudanças nos processos de construção de identidade, no estabelecimento de sociabilidades, de tal maneira que podemos identificar atualmente o surgimento de uma cultura somática e de construções bioidentitárias.

Conforme Costa (2004), o mito cientificista passou a ocupar o lugar do "universal, do incontestável e [...] vem substituindo as instituições tradicionais, na tarefa de propor recomendações morais de teor universal" (p. 190). Na descrição do pânico, nos dias atuais, encontramos uma sintomatologia basicamente somática que se configura no cotidiano dos indivíduos. Quer dizer, os antigos valores foram "retraduzidos", por meio de um vocabulário da ciência. No que se refere ao sentido do corpo, descrito nessa linguagem, há uma polissemia de referências e metáforas que podem tentar explicá-lo.

Em seu livro, *Adeus ao corpo*, Le Breton (2003) faz o que ele chama de "elogio ao corpo" e, por meio de sua análise, delineia ao longo do tempo as suas transformações do sentido. O livro aborda o paradoxo de

> [...] uma modernidade cujo discurso aparente faz a apologia do corpo para melhor esvaziá-lo, transformando-o em mercadoria e impondo um fora do corpo – uma exterioridade redundante – que dita o simulacro do próprio corpo. Nunca o corpo-simulacro, o corpo-descartável foi tão exaltado como na contemporaneidade. (p. 10)

O autor rememora alguns filósofos do corpo e, através de sua cartografia no campo da antropologia contemporânea, recusa a dicotomia alma/corpo, e afirma que "o dualismo contemporâneo não opõe o corpo ao espírito ou à alma, mas o homem ao seu corpo" (p. 3).

Tomando em consideração o posicionamento de Le Breton, provoca nosso interesse sua análise de que nas sociedades pós-modernas a "maleabilidade de si, a plasticidade do corpo tornam-se lugares comuns":

> O corpo não é apenas, em nossas sociedades contemporâneas, a determinação de uma identidade intangível, a encarnação irredutível do sujeito, o *ser-no-mundo*, mas uma construção, [...] deixou de ser destino da pessoa, para se tornar um *kit*, uma soma de partes eventualmente destacáveis à disposição de um indivíduo apreendido em uma manipulação de si e para quem justamente o corpo é a peça principal de afirmação pessoal. [...] [Assim] o corpo torna-se o emblema do *self*. A interioridade do sujeito é um constante esforço de exterioridade, reduz-se à sua superfície. (p. 12)

O entendimento dessa digressão, em que o autor destaca essa concepção do corpo em relação ao indivíduo, é fundamental para entender a questão da psicopatologia do pânico, que será atrelada a esse modelo de identificação, que envolve o tema do sofrimento psíquico de quem não se enquadra nesse modelo, nessa forma de modelagem social, que se conforma por esse viés corpóreo. A mudança na relação entre o indivíduo e seu corpo incidirá na forma como o sujeito se vê, e consequentemente incide nas formas como adoece.

> [...] a relação do indivíduo com seu corpo ocorre sob a égide do domínio de si. O homem contemporâneo é convidado a construir seu corpo, conservar a forma, modelar sua aparência, ocultar o envelhecimento, ou a fragilidade, manter sua "saúde potencial". (p. 30)

Essa é pelo menos a conjuntura de nossas sociedades ocidentais em relação ao corpo:

> Em uma sociedade de indivíduos, a coletividade de pertinência só fornece de maneira alusiva os modelos ou os valores da ação. [...] É importante gerir o próprio corpo como se gerem outros patrimônios do qual o corpo se diferencia

> cada vez menos. O corpo tornou-se um empreendimento a ser administrado da melhor maneira possível no interesse do sujeito e de seu sentimento de estética. [...] A retirada para o corpo, para a aparência, para os afetos é um meio de reduzir a incerteza buscando limites simbólicos o mais perto possível de si. Só resta o corpo para o indivíduo acreditar e se ligar. (p. 32)

O autor dá diversos exemplos de como ocorreu a modificação nas formas de apreensão do corpo pelos indivíduos. Por exemplo, a questão das marcas corporais. Em sociedades tradicionais, a tatuagem expressa o pertencimento do homem a uma linhagem, um clã, uma tribo; um rito de passagem para uma determinada faixa etária; "indica um *status* social e fortalece uma aliança" (p. 38), ao contrário da linguagem da tatuagem de hoje, que expressa a preocupação estética ou qualidade de desempenhos físicos.

Um dos pontos de vista abordado pelo autor é o do "corpo parceiro", que será abordado com base em autores como Ortega (2002) e Costa (2005). Trata-se de analisar como a contemporaneidade atribui um valor fundamental a esse corpo, que é colocado como parceiro privilegiado, sendo para Le Breton (2003):

> [...] o melhor amigo que se pode ter, mesmo se as relações às vezes são difíceis com ele. Após um longo período de discrição, hoje o corpo se impõe como um lugar de predileção no discurso social. [...] o corpo deixa de ser uma máquina inerte e torna-se um *alter-ego* de onde emanam sensação e sedução. [...] O homem alimenta com seu corpo [...] uma relação bem materna de indulgência terna, da qual extrai ao mesmo tempo um benefício narcisista e social. [...] a paixão

pelo corpo modifica sem dúvida o conteúdo tradicional do dualismo, que transformava o corpo antes na parte decaída da condição humana. (p. 54)

Por outro lado, diz o autor, de parceiro o corpo pode tornar-se "adversário", por exemplo, nas atividades físicas e esportivas radicais, em que o indivíduo experimenta o risco como desejado, o risco como prazer, ou seja, põe seu corpo em risco, mesmo que controlado por prazer[53].

Quanto ao pânico, acreditamos que ele transita entre essas duas lógicas, não funciona propriamente como parceiro, nem chega a ser adversário, porque, muitas vezes, funciona como dispositivo de alerta para o sujeito, indicando que alguma coisa não vai bem. Porém, no momento do ataque de pânico, a parceria fica comprometida, pois simplesmente se perde o controle sobre o corpo, e este fica "autônomo", por assim dizer. Na iminência do ataque, o corpo se torna, de certa maneira, estranho.

Ortega (2002) e Costa (2004) têm por objetivo retomar a questão do corpo por outro ângulo, qual seja, não realizar um quadro geral do corpo no cenário atual, muito menos defender a tese do "corpo oculto", mas afunilar a questão no que se refere às questões pertinentes às formações de subjetividade. Embora apresentem diferentes propósitos em seus textos, os autores têm em comum a descrição de

53 Por exemplo, a recorrência a esportes radicais como a modalidade *Free Fly*, que trata de "uma modalidade de voo no salto de paraquedas. O paraquedista salta de um avião de uma altitude de 4,5 km e em vez de abrir logo o paraquedas, aproveita para fazer manobras enquanto despenca. Durante as movimentações, a velocidade média passa fácil de 400 km por hora, por isso deve se tomar cuidado para não haver choques entre os atletas no ar. Numa velocidade dessas, qualquer movimento nos braços ou das pernas faz o sujeito ir violentamente de um lado para o outro. O segredo está em aprender a lidar com o vento e obter posições certas" (SUPERINTERESSANTE, *apud* Santos, 2001, p. 77).

uma nova forma de preocupação do indivíduo consigo, uma forma de identificação singular contemporânea denominada *bioidentidade*[54]. Costa (2004) afirma que

> [o] cuidado de si, antes voltado para o desenvolvimento da alma, dos sentimentos ou das qualidades morais, dirige-se agora para a longevidade, a saúde, a beleza e a boa forma. Inventou-se um novo modelo de identidade, a *bioidentidade*, e uma nova forma de preocupação consigo, a bioascese, nos quais o *fitness* é a suprema virtude. (p. 190)
>
> A inflexão no eixo valorativo das condutas criou, por conseguinte, novas concepções morais de "normalidade" e "desvio". [...] A ideologia cientificista confere ao corpo e à espécie, o valor, anteriormente concedido às virtudes públicas e privadas. (p. 192)

Ao antigo imaginário da tradição político-religiosa, que considerava a realidade corporal como algo para servir a causa das *boas obras* e dos *bons sentimentos,* "queríamos ter saúde ou longevidade para cumprir tarefas familiares, sociais, religiosas, sentimentais ou outras. Nunca, entretanto, havíamos imaginado que a forma corporal pudesse ser garantia de admiração moral" (p. 192).

Diferentemente do cenário dos últimos três ou quatro séculos de cultura, de que o romantismo pode ser tomado como exemplo, para o sujeito sentimental o desejável era o cultivo dos sentimentos.

> No cenário moral de hoje, a equação quase se inverteu. Para muitos indivíduos, desejável é o que pode ser sensorialmente

54 Sobre a noção de bioidentidade, ver Francisco Ortega. "Da ascese à bioascese ou do corpo submetido à submissão ao corpo", em: *Imagens de Foucault e Deleuze: Ressonâncias nietzschianas*. Orgs. M. Rago; L. Orlandi e A. Veiga-Neto. Rio de Janeiro: DP & A. 2002, pp. 9-20.

experimentado como agradável, prazeroso ou extático; indesejável é o que pede tempo para se realizar ou que, ao se realizar, não excita ou traz o gozo sensorial esperado. O Outro, como observou Bauman (1998), atrai não por ser uma "chance para a ação", mas por ser uma "promessa de sensação". (p. 194)

Porém, como assinala Costa (2004), esse ideal de prazer tem sua face "recalcada", que seria a produção cultural dos novos *desviantes*. O autor denomina de *personalidade somática*[55] o que hoje "tem na imagem social do corpo o suporte, por excelência, do caráter ou da identidade" (p. 195).

Os desviantes teriam um hiperinvestimento afetivo na imagem corporal, ou um tipo de desregulamento desta imagem, e poderiam ser classificados de diferentes maneiras, como "antinorma da bioidentidade aprovada" (p. 195). Assim, temos os panicados que, por exemplo, poderiam ser descritos como sujeitos "desregulados" no sentido corpóreo do termo, ou seja, aqueles que não podem "moderar o ritmo ou a intensidade das carências [...] físicas mentais (portadores de síndromes do pânico, fobias sociais)" (p. 195).

Algumas contradições são produzidas na formação de bioidentidades, assinala Costa (2004). Primeiro, a contradição se baseia no jogo da tutela e culpabilização:

55 Costa (2004) utiliza as expressões "personalidade somática" e "cultura somática" seguindo o modelo conceitual utilizado por Christopher Lasch. Na década de 70, Lash utilizou as expressões "cultura narcísica" e "personalidade narcísica" como uma espécie de contrapartida psicológico-cultural do que, anteriormente, Karen Horney havia denominado de "cultura neurótica" e "personalidade neurótica". Para Costa, os "traços relevantes da cultura e personalidade narcísicas presentes nos estudos de Lasch foram destronados" pelo que o autor denominou de cultura e personalidade somáticas (p. 194). Para maior detalhes acerca o estudo de Lasch e a sociedade brasileira, ver Lasch, Christopher. *The culture of narcisism*, New York, Warner Books Edition, 1979; Costa, Jurandir Freire. *Violência e psicanálise*, Rio de Janeiro, Graal, 1986.

> O indivíduo deve creditar o sucesso de seus esforços à sua vontade. Mas, em caso de fracasso, deve se sentir fisicamente doente e, por isso mesmo, não contestar o valor e o sentido dos ideais corporais dominantes. O anseio por independência, ao falhar, deve ser visto como uma anomalia biológica e não como denúncia da estreiteza da norma social em face da diversidade expressiva da vida humana. O sujeito vê-se, simultaneamente, como onipotente – ao acreditar que pode criar o eu moral e psicológico a partir da pura experiência sensual do corpo – e como impotente – ao ser forçado a crer que o sentido do sofrimento humano está inscrito nos genes ou nos circuitos neuro-hormonais. (p. 196)

Em sua análise, Lima (2001) afirma que a genética é o campo em que se conjugam a identidade do ser e a transmissão das características do homem. Por essa ideia tenta-se passar a noção já discutida, de determinismo e reducionismo. Isto é, na esfera do campo do saber, a verdade nada tem a ver com valores, "mas está contida concretamente nos genes, que são ao mesmo tempo matéria e aquilo que torna possível a matéria surgir e se perpetuar" (p. 32). Reforça-se, assim, a compreensão do homem pelos atributos genéticos:

> Com a ajuda do [...] determinismo, todo fenômeno humano passa a ser entendido como causado privilegiadamente, quando não exclusivamente, pelo código genético, já que ele, a neuroquímica, a anatomia mesma, são percebidos como a razão de todas as doenças e comportamentos normais ou desviantes. (p. 33)

Seguindo esse raciocínio, a nova genética representa a promessa de tornar-se, ao lado de outras biotecnologias, uma "rede autônoma de circulação de conceitos que inauguram uma nova autoprodução identitária, desembocando naquilo que Rabinow (1999) denomina de 'biosociabilidade'".

Irrompem, assim, novas práticas de prevenção, que, para Rabinow (2002), são uma forma de "mapeamento de riscos", ou seja, diferentemente de uma necessidade de vigilância direta de indivíduos, a ciência teria estratégias para dar a medida da provável ocorrência de doenças ou anomalias, "projetando fatores de risco que aglutinam pessoas entre as quais não se observava nenhum outro vínculo ou afinidade" (p. 85). Desse modo, há o aparecimento de grupos de sociabilidade que são organizados por critérios identitários biológicos, como uma determinada doença compartilhada.

A esse respeito, Lima (2004) destaca que

> Começam, então, a ser criados grupos de pessoas que compartilham o mesmo diagnóstico, e que a Natureza uniu por marcas discerníveis na superfície de seus corpos, nas trilhas bioquímicas de seus cérebros ou na sua "alma" genética intracelular. Em torno da identificação do gene A, que determina (mesmo que apenas supostamente) a patologia B, novas práticas individuais e grupais serão estabelecidas. Grupos de portadores de tais distúrbios genéticos se organizarão, difundindo a "verdade" do que é carregar esse traço inscrito nos corpos, estimulando a troca de experiências e definindo estilos de vida entre os "iguais" (p. 37).

Tudo isso indica que está havendo a passagem de uma cultura na qual a identidade [...] estava referida, preferencialmente, à dimensão psicológica, e se apoiava no desenvolvimento emocional interior, para outra na qual o critério de normal ou normativo está referido quase exclusivamente aos predicados corporais. (pp. 38-39)

Costa (2004) argumenta na mesma linha, quando diz que a corporeidade e as características externas passam a substituir os referenciais tradicionais da interioridade na constituição subjetiva dos indivíduos. Desse modo, os sujeitos tentam realizar uma narrativa de si mesmos, tomando o corpo como âncora identificatória para suprir a crise de identidade. Lima (2004) acrescenta:

> Esta superficialização de toda a estrutura corporal espelha e reforça o desmonte do sujeito interior: nenhuma psicologia consegue fazer frente ao oferecimento do corpo como início e fim da identidade pessoal. Com isso, mesmo as formas de sofrimento perdem sua dimensão de experiência integrada, ao mesmo tempo social, histórica e corporal, inscrevendo-se quase exclusivamente neste último registro, como demonstram as anorexias, bulimias, fobias e drogadições. (p. 40)

Bezerra Jr. (2000), em seu artigo "*Naturalismo como antirreducionismo: notas sobre cérebro, mente e subjetividade*" analisa como o discurso proveniente das ciências biológicas impregnam o cenário do homem comum na atualidade, e atinge de maneira pervasiva todos os meandros da vida social. Este discurso é amplamente reforçado pelo avanço das intervenções da biotecnologia na vida dos indivíduos e pela existência de um mercado global preparado para seu consumo.

Esclarecendo: percebemos que hoje, com a despolitização e com a privatização da vida cotidiana e, ainda, com a submissão à política de mercado existe uma significativa sujeição de todas as questões humanas aos ditames corporais. A questão existencial valorada está em atingir o ideal performático, a saber, o imperativo da felicidade, a fruição imediata de tudo o que favorece a biopolítica de eliminação de sintomas, para que nós possamos continuar "funcionando bem" como agentes de um corpo-máquina ajustado.

Como afirma Kehl (2005), o sintoma, que é ao mesmo tempo um sinal de conflito, uma expressão de sofrimento e uma tentativa de cura, porque expressa algo, já se apresenta como uma forma tosca de linguagem. Ele deixa de ser significante e nós nos desabituamos a interrogar nossos sintomas, desejosos de fazê-los calar. Em decorrência da falta de um ambiente cultural, em que o sintoma e o mal-estar possam ser lidos como interrogantes do que não vai bem na própria cultura – quer dizer, instrumentos para pensar a nós mesmos e pensar criticamente o mundo em que nós vivemos –, nós nos entregamos às políticas conservadoras da medicalização de tudo o que é desviante.

A indústria farmacêutica torna-se um dos polos mais poderosos e lucrativos do novo capitalismo[56], segundo Bezerra Jr. (*apud* Lima 2004),

> [...] transformando-se em ponta de lança de um "biomercado" a exigir que os consumidores não só tenham dinheiro para usufruir de suas benesses, mas principalmente que desenvolvam uma forma subjetiva de se relacionarem com os mal-estares e o sofrimento da existência que transforme o recurso às intervenções biológicas não numa opção especial no meio de várias alternativas, mas que se apresente como o meio mais eficaz e legitimado de fazer frente às injunções da vida [...]. (p. 42)

No mesmo sentido, Le Breton (2003) também aborda a ideia de que o que acontece nos cenários ocidentais

56 O mercado farmacêutico é considerado um dos mais lucrativos do mundo, ficando atrás apenas da indústria petrolífera. Em 2002, o setor teria faturado 406 bilhões de dólares, e a previsão é de que em vinte anos esses números cheguem a, pelo menos, 3,2 trilhões de dólares (Bezerra Jr., 2000).

contemporâneos é uma construção farmacológica de si. Diz ele que diferentes técnicas de "gestão do humor" existem em nossa sociedade, que têm uma finalidade precisa, a de aguçar capacidades de percepção sensorial, aprimorar o estado de vigilância, superar o cansaço, etc.

> Abandonar-se a seu humor "natural" do dia seria privar-se de recursos preciosos ou se tornar menos competitivo no plano do trabalho ou da vida cotidiana. [...] A chave da relação com o mundo reside na vontade que decide sobre a molécula apropriada para retificar um corpo mal ajustado, modificando o humor. Melhor traçar um caminho bioquímico em si do que enfrentar sem defesa a provação do mundo. (pp. 56-57)

Como se observa, estamos aludindo especificamente ao consumo de psicotrópicos, utilizados para minimizar o sofrimento mental, que faz parte do contexto clássico de cuidados[57]. Porém, nesse contexto da medicalização, Le Breton (2003) atenta para usuários que se valem de psicotrópicos (hipnóticos, tranquilizantes, barbitúricos, antidepressivos ou estimulantes) sem que haja qualquer indício de psicopatologia. De acordo com Zarifian (*apud* Le Breton 2003) "na Grã-Bretanha, um estudo avaliou que mais de 500 mil pessoas recusam-se a parar seu tratamento com benzodiazepinas, mesmo quando mais nenhuma patologia o justifica" (p. 57). Atenta-se, assim, para o que

57 Esse domínio químico não poupa inclusive crianças. Já a partir dos anos 80, nos EUA, considerava-se uma criança muito ativa como manifestando um déficit de atenção, e assim teria que ser medicada, uma vez que o déficit de atenção virou transtorno (TODA/H) entre as patologias da química cerebral e da constituição genética. "Milhões de estudantes são hoje tratados com Ritalina ou outros medicamentos em virtude de sua dificuldade de aprendizagem ou de perturbações que provocam em suas classes" (Le Breton, 2003, p. 58). Acerca do TDAh, ver Lima (2004).

ele referiu-se como "gestão do humor", que não apenas faz alusão aos estados patológicos por meio da farmacologia, mas "contribui para a manutenção da ordem das coisas por meio da comodidade e eficácia" (p. 59). O autor acrescenta que diante de um ambiente social problemático, onde há confusão das referências e uma incerteza crônica diante do futuro, os recursos particulares de cada sujeito são solicitados a cada instante, juntamente com a "ansiedade que nasce do medo de não estar mais à altura". Dizendo de outro modo,

> Não é mais a sociedade que fornece um significado para a existência por meio da integração inequívoca do indivíduo. O último tende cada vez mais a ter a si próprio por referência, a procurar em si mesmo, em seus próprios recursos, o que em outros tempos procurava no contato com os outros, nas instituições sociais e no recurso à cultura.
>
> Essa autonomia propicia a exaltação ou o medo, dependendo dos indivíduos e dos momentos de sua existência. O imaginário que preside ao seu uso torna os psicotrópicos um dos meios simbolicamente eficazes de produzir sua identidade pessoal de um modo que dê segurança pela busca de um estado psicológico adaptado às condições de vida: o indivíduo adapta sua vigilância ou sua resistência com o auxílio de estimulantes psíquicos ou de fortificantes, ou combate os efeitos do estresse tomando tranquilizantes ou soníferos para acalmar suas tensões. O indivíduo está em busca da melhor adequação possível à realidade social. (p. 60)

Sem desprezar o recurso à farmacologia para pacientes que nele encontram alívio para seus sintomas e sofrimentos, a crítica se faz ao seu uso e à redução da problemática complexa que gira em torno de um quadro como o pânico, por exemplo, que relaciona fatores sociais, psíquicos, econômicos, culturais, etc. a um epifenômeno unicamente biológico.

Existe uma rede de agentes e agências que fazem parte do processo no qual estão ligados o consumismo, as mudanças subjetivas e a questão do corpo. Não apenas a indústria farmacêutica, mas a mídia (jornais e revistas diários ou semanais), consultores em programas de televisão, livros de autoajuda, profissionais da área de saúde, educação, entre outros. Além disso, afirma Lima (2004), associações de pais ou portadores de transtorno contribuem "na busca por um sentido biológico para os sofrimentos humanos, por aumento de *performance* física ou pela saúde perfeita" (p. 41). Bezerra Jr. (2004), conclui: "é necessária uma atmosfera social permeável para que as estratégias das indústrias do bem-estar viabilizem e legitimem sua presença agressiva maciça junto à população" (p. 41).

> Dizendo-se "remedicalizada" – ou seja, afastando-se das influências oriundas das ciências humanas, em especial da psicanálise – nas últimas duas décadas, e privilegiando as concepções biológicas na compreensão de distúrbios mentais, ela tem reforçado um processo de "medicalização" de condutas e estados emocionais. (p. 42)

Para Le Breton (2003), isso indica uma intolerância maior das sensibilidades contemporâneas a qualquer forma de dissabor, concorrendo para a manutenção do normal, sem que se possa ao menos "roçar no patológico" (p. 60). Para ele,

> [a] medicação do cotidiano situa-se na linha fronteiriça do normal e do patológico; sua aposta deixa de ser a saúde, que não está forçosamente ameaçada, está em exagero com relação

> à saúde, isto é, numa acentuação das capacidades de reação ou de resistência de funções orgânicas com as quais o indivíduo não mais se satisfaz. Visa à criação de um ângulo de mira sobre o mundo, um ajuste melhor e não o restabelecimento de um equilíbrio vital comprometido.(p. 60)

Ou seja, o autor dá ênfase à compreensão de que a medicalização se desloca de uma referência apenas médica para tornar-se um meio de gestão da vida cotidiana[58].

Supomos que essa questão nos pode ser útil para pensar o pânico que pode ser entendido como um "protesto do corpo", na medida em que, de certa maneira, suas funções se "autonomizam", em algum momento. Então, se indaga por que isso ocorre. Talvez porque existe uma maneira de expressar o mal-estar por meio de uma ansiedade brutalmente somática, não suportada pelo indivíduo. Le Breton (2003) afirma que o corpo torna-se único ponto de apoio para o real, e, no caso do pânico, parece que esse "pacto" é desfeito. A ideia perpassada é a de que os sujeitos administram seu humor e desempenho porque

> não têm confiança em seus próprios recursos para se oferecer à situação que apreende com o estado psicológico propício que acha que lhe falta. É preciso uma solução imediata e previsível em seus efeitos – os comprimidos estão ali. Por meio deles, o indivíduo propicia-se o sono desejado, o apaziguamento da angústia e da ansiedade, o melhor estímulo

58 Le Breton (2003) afirma, em relação ao Prozac, que, nos EUA, o uso deste medicamento se desvinculou das prescrições médicas e da resolução do sofrimento mental por meio da farmacoterapia. "Torna-se um produto de consumo comum como as vitaminas, uma engenharia química à disposição do usuário. É consumido pelos indivíduos que querem assumir um domínio de si com a preocupação de ampliação das possibilidades pessoais, da otimização de recursos afetivos e intelectuais" (p. 64).

> para o exame ou para o dia de trabalho difícil, uma maior inteligência ou memória, o esquecimento de um cansaço persistente, o fim de um nervosismo que impede a concentração etc. (p. 62).

Vê-se claramente a relação deste aspecto com a questão da confiança, isto é, os medicamentos, de certa forma, "muletas para o mal-estar", são utilizados por quem não tem confiança em andar "com suas próprias pernas".

Conforme outros tipos de "mal-estares", bem como nos mostra Lima (2004), a respeito do chamado "transtorno de déficit de atenção", a ampla presença da síndrome do pânico no discurso médico e na mídia atuais reflete e alimenta essa "atmosfera social permeável", de que trata Bezerra Jr., seduzindo pais, educadores e indivíduos. Fortemente associado à prescrição de psicofármacos, hipoteticamente localizado no cérebro e determinado pela genética, esse transtorno tem substituído leituras psicológicas, pedagógicas e morais na descrição de comportamentos considerados como inadequados pelo excesso de ansiedade súbita, e sem razão aparente, em cuja classificação se inclui um grande número de crianças e adultos que passam a se identificar como portadores da síndrome do pânico. Como já expusemos, "as condutas e afetos são reduzidos a epifenômenos das atividades das redes neuroquímicas cerebrais. Em torno dele, bioidentidades vêm sendo construídas e formas de biossociabilidade se estruturam" (p. 42).

Desse modo, fazemos os seguintes questionamentos: como ficam os sujeitos pós-modernos diante das características pregnantes da contemporaneidade, das falhas nesse ambiente pós-moderno que exacerbam a sua sensação de impotência e desamparo? É possível pensar, como propõe Winnicott, nas sociedades contemporâneas, como um ambiente confiável para a continuidade dos sujeitos? Que implicações tem o sentimento de "perda de confiança" com o transtorno de pânico? E que redes de sociabilidade podem ser construídas em torno desse diagnóstico? Essas são as questões que procuraremos abordar no capítulo seguinte.

5
Redescrições de si: o transtorno de pânico como um dos componentes da matriz bioidentitária na sociedade do risco

"Precisamos decidir se vamos restringir o significado da palavra saúde àqueles que são saudáveis desde o início, ou estendê-lo àqueles que carregam a semente da doença e mesmo assim conseguem 'vencer' no sentido de alcançar, no final, um estado de saúde que não vem fácil ou naturalmente. Sinto que precisamos incluir esta última categoria".
(Winnicott, 1989.)

Após a apresentação do imaginário pós-moderno, recorreremos aos discursos dos sujeitos que se sentem como tendo o transtorno de pânico, para descrevê-los, analisando a forma como eles se apropriam do diagnóstico e reavaliam sua biografia, as crenças sobre si, a fim de conferir novo sentido a sua vida e ao seu sofrimento de maneira a construir redes de sociabilidade.

Como é se reconhecer como tendo o transtorno de pânico?

Com o endosso do discurso científico, assimilado por instituições e outros agentes, como a mídia, por exemplo, o público, em geral, passa a se convencer de que tudo aquilo que para ele não tinha significação, como a rede de sintomas que envolvem os ataques de pânico, nada mais é do que sintomas de um transtorno cerebral.

A vida das pessoas com pânico não costuma ser fácil, mas se há demora no diagnóstico a tendência é ser pior:

> Eu vivia de médico em médico. Ninguém sabia o que eu tinha. A sensação era de que eu ia enlouquecer (Sujeito 1)[59].
>
> As crises aconteciam todos os dias, eu não saía mais sozinha, não tomava banho sozinha, minha mãe ficava no banheiro comigo, já não conseguia assistir aula direito, minha vida parou... até 2002, quando achei uma terapeuta legal. [...] foram sete anos ao todo sem controle. (Sujeito 4)

Conhecendo o diagnóstico, percebe-se que a pessoa sente certo alívio, pois, finalmente, há um nome a ser dado a tudo aquilo que parecia não fazer sentido:

> Um alívio enorme! Enfim, havia um nome para isso. (Sujeito 2)

"Para 'cristalizar' a noção de ter uma doença que justifique sua conduta é necessário, afirma Lima (2004), um modo de pensar e um vocabulário que ajuste sua experiência ao

59 Todos os depoimentos e relatos incluídos nesse capítulo foram extraídos da bibliografia dirigida a leigos e de páginas da internet ligadas ao transtorno de pânico, não constando, obviamente, o nome dos pacientes, aparecendo, por vezes, um nome fictício.

que aprendeu sobre o transtorno. Só assim ela pode livrar sua autoestima de ataques acusatórios que a responsabilizam por algo que ela não controla" (p. 85) É uma justificativa que sustenta que o sujeito tem uma doença e que o que sente não é "frescura", ou "*piti.*"

Cada vez mais pessoas se identificam com as descrições do transtorno e, facilmente, têm sua impressão avalizada por algum psiquiatra ou neurologista. Esse discurso é amplamente abarcado pelos indivíduos, a exemplo do que afirma um sujeito, cujo relato está disponível em um site sobre pânico na internet:

> Uma matéria no Fantástico sobre síndrome do pânico disse que só era possível saber o nível de serotonina e como ela age com os antidepressivos, com um aparelho que não existia aqui no Brasil, que era impossível fazer esse exame. E que seria muito importante se o Brasil tivesse e o mundo inteiro, pois seria mais fácil identificar qual remédio estaria fazendo seu melhor efeito no paciente [...]. Olha, nosso sistema de alerta tem um defeito: ele dispara a qualquer momento, diferente das pessoas sem a síndrome que a amídala frontal só dispara em casos de emergência, por ex. um susto, ou quando somos assaltados, ou quando quase somos atropelados chama-se pelo nome de amídala do alerta. *E é cientificamente comprovado que nascemos com esse defeito nela*. Ela dispara quando menos esperamos, (detalhe) não é sempre que ela dispara, nós que sofremos por antecipação, do medo de ter outra crise acabamos por antecipar o alarme dela, com a ajuda de antidepressivos, ficamos mais calmos e equilibra os níveis de recaptação dos receptores falhos. (Sujeito 3, grifos nossos)

Observamos que esse sujeito deseja "medir" o pânico. Ou seja, o pânico é para muitos sujeitos um fenômeno que pode ser mensurado, quantificado, pelos níveis de serotonina no organismo.

O sujeito passa a reconhecer nas próprias condutas os sinais da patologia, o que é considerado o primeiro passo para que as pessoas acometidas se vejam livres de preconceitos e estereótipos antigos e possam procurar a ajuda adequada. Nada mais confortador para alguém que se sente inseguro diante dos sintomas de uma crise de pânico, que implica medo de descontrole e de ameaça de enlouquecimento, quando descobre que tais sensações fazem parte da sintomatologia do transtorno de pânico, que seria efeito de sua constituição biológica inata.

Após o diagnóstico, as pessoas são convidadas a se tornar "especialistas" no tema. Os sujeitos aprendem muitas vezes a controlar as crises, utilizando diferentes técnicas, quer seja tomando um ansiolítico para amenizar a angústia quando sente que pode ter uma crise, ou quando aumenta a ansiedade, e sentem que precisam ser ajudados. Ser medroso, ansioso, envergonhado, tímido, tudo isso passa a ser efeito de constituição biológica falha, isto é, entendido como resultado de um disfuncionamento orgânico, que, por sua vez, é considerado sinônimo de doença. Surge a ideia, então, de que este sujeito porta um transtorno.

As circunstâncias e os detalhes que envolvem a primeira crise de pânico mantêm-se vivos na memória de quem sofreu essa experiência. Muitos passam por um longo tempo a referir-se à sua vida como "depois da crise" e "antes da crise", afirma Schwartzman (1997). Os sujeitos costumam lembrar os detalhes do episódio, e caso seja com agorafobia, que é o mais comum, desenvolvem também fobias secundárias, acompanhadas de vários mecanismos protetores, o que pode acontecer desde aquelas situações de medo de voltar aos locais em que tiveram os ataques, até alguns casos em que se restringem unicamente ao seu ambiente familiar. É comum uma sensação de estar fora da realidade; ou um mal-estar generalizado, como um pressentimento de que algo muito grave possa acontecer. E é nesse momento que aparece um outro sintoma bastante característico: a necessidade de estar ao lado de alguém que traga segurança, geralmente, um parente próximo.

A intensidade do medo e o nível de impedimentos que passam a limitar as menores atividades cotidianas do sujeito com transtorno de pânico estão descritas no livro de Keller (1995). Relataremos de modo conciso alguns trechos em que ele descreve sua primeira crise:

> Era domingo. Novembro de 1986. Eu tinha então 21 anos. Aquele era mais um fim de semana que passava em Mogi das Cruzes, cidade onde morei durante boa parte de minha adolescência e fiz muitos amigos. Por volta de nove horas da noite, deixei a casa de minha tia onde costumava hospedar-me em Mogi, e dez minutos depois estava ao pé da serra de Itapeti. Deixando para trás as luzes da cidade, observei que estava bastante escuro. Ao contrário do que me era de hábito, nessa noite estava um tanto apressado. Sentia uma certa ansiedade que, obviamente, não combinava com a eventual forma com que dirigia. Eu queria chegar logo. Na verdade estava sentindo um certo desconforto gástrico... mas havia algo mais em mim que era muito estranho. Sem saber por que, sentia-me meio aflito. Parecia uma sensação de vazio, uma insegurança em relação a algo que eu próprio não sabia o que era. Não havia nada nem ninguém me ameaçando. Ao contrário... mesmo assim, confesso que desejei não estar sozinho aquela noite. Aquele maldito enjoo piorava a cada minuto... mas o diabo é que havia algo diferente naquele enjoo... Além disso, eu percebia alguma coisa estranhamente

> familiar... Meu Deus, o que é isso? Eu estava com taquicardia. Não é possível, raciocinei, enfarte aos 21 anos de idade? Não! Desmaiar, não! Tudo, menos isso. Em um segundo todos os sintomas se multiplicaram e intensificaram. Entrei num estado de terror absoluto. (p. 25)

É possível que algumas pessoas que sofram de pânico se identifiquem com tal descrição. Uma crise como essa pode ser a primeira entre várias, diagnosticadas como um transtorno do pânico. Assim, pacientes passam a apresentar comportamentos de fuga repentina dos lugares, estabelecendo uma autoimagem de quem cotidianamente pode se colocar em situações embaraçosas, e, com isso, o receio de que os ataques voltem a se repetir. Os fracassos e humilhações provocados por tais situações podem causar uma baixa autoestima, os sujeitos passam a ter uma insegurança extremada em suas atitudes, em levar uma vida normal. Um simples "sair de casa" torna-se um desafio quase impossível, ou mesmo impossível, para muitos sujeitos.

Percebemos que as sensações de descontrole corpóreo são decisivas e estão presentes nos casos diagnosticados, mesmo que se manifestem de diferentes maneiras na forma de refletir-se: há pessoas que desenvolvem mais um desconforto gastrintestinal - náuseas, enjoos, diarreia, gases; outros, mais sintomas de arritmias cardíacas, palpitações no coração, falta de ar ou dificuldade de respirar. Ou seja, é comum que a descrição clínica dos sintomas apresentada pelos pacientes seja bem mais complexa do que os sintomas que constam na classificação de transtorno de pânico no DSM IV (por exemplo, sensação de estar sufocado ou ter um bolo na garganta, mãos e pés molhados e frios, formigamentos nos braços, pernas ou nos rostos, zoeira, zumbido ou pressão nos ouvidos – como se fosse pressão baixa ou labirintite – suor ou tremedeira generalizada etc[60]). A sensação que os une, afirma Schwartzman (1997), é o sentimento de que a chegada da crise os surpreende como algo vindo "*não se sabe de onde*, em um momento da vida em que, pelo menos em aparência, não passavam por nenhum problema maior" (p. 92).

É importante chamar a atenção para casos em que o diagnóstico de transtorno de pânico é realizado de uma maneira "apressada", ou seja, errônea, e o que o sujeito apresente seja uma fobia (porque está ligada a um objeto ou situação específica), fobia social, ou mesmo uma crise de pânico em um quadro cujo distúrbio proveniente seja uma depressão, um quadro de doença orgânica, etc. É preciso afastar todas as possibilidades concomitantes de diagnóstico apontadas anteriormente, para que um diagnóstico de transtorno de pânico seja estabelecido. E, para isso, como característica fundamental, é necessário que o sujeito não associe as crises de pânico com nada que esteja acontecendo na sua vida atual. Existe um "modismo" em se diagnosticar qualquer tipo de ansiedade ou medo fóbico como transtorno de pânico, e isso é preciso ser bem circunscrito, pois em nossa sociedade do risco, em virtude da violência, entre outros aspectos, muitas vezes, o pânico é considerado "normal".

Isto é, para que de fato seja caracterizado um transtorno de pânico deve haver em comum entre os sujeitos a percepção de que nenhum elemento da sua vida esteja justificando aqueles sintomas. Com base nesta percepção é que se deve procurar ajuda com um especialista para se saber o que tem.

60 Hishinuma, in http: // www.sindromedopanico.med.br/sindrome.htm.a. Acesso em 18/3/2007.

As pessoas que têm transtorno de pânico chegam a atribuir a si mesmas um modelo de personalidade que os leva a se perceberem como perfeccionistas, apresentarem um grau elevado de ansiedade, serem exigentes demais consigo e com os outros, além de hipersensibilidade:

> Eu acho que cada caso é um caso. Mas na maioria das pessoas que conheço e por mim também, tem histórico de longas datas, [...] pessoas com manias de perfeição, [...] a maioria são pessoas com a personalidade parecida. Controladoras, perfeccionistas, exigentes com si (sic) e com os outros. Eu acho que isso vai se acumulando. (Sujeito 2)

Como já foi referido, o que os liga é sofrerem de um "colapso" que não tem vinculação, pelo menos à primeira vista, com algo que, efetivamente, os aflija no seu cotidiano e que é considerado, sobretudo, uma "pane" corpórea, uma sensação de ausência de controle sobre o corpo.

Os sujeitos em geral diferenciam, fenomenicamente, o pânico de ataques de ansiedade. Um ataque de pânico seria o grau máximo da ansiedade:

> Eu me considero ansiosa demais, mas isso é uma nova fase que estou passando. Pois antes eu tinha crises de pânico que é bem diferente de sentir só ansiedade. Com o tratamento e com algumas técnicas aprendi a controlar as crises, mas se eu me deixar levar quando estou com ansiedade eu posso ter uma crise. (Sujeito 1)
>
> Uma crise de pânico dizem que é uma crise de ansiedade muito forte, mas uma ansiedade tem vários graus... digamos... que a crise de pânico é o último da ansiedade... pois a sensação é de morte.. é tão grande que você não consegue raciocinar direito... é como se seu coração, suas pernas, intestino, pressão arterial, nada te obedecesse. (Sujeito 1)

Uma série de profissionais se empenha em divulgar, dar informação e orientação às famílias, aos pacientes e a pessoas conhecidas, além da prescrição da medicação adequada. É enorme a variedade de livros de autoajuda, com uma linguagem apropriada e específica para leigos. Há manuais, fitas de vídeo e técnicas de relaxamento, treinamento da respiração, entre outras, no combate ao pânico.

Portanto, a tarefa que cabe ao sujeito é poder identificar o que significam seus sintomas, em uma linguagem da psiquiatria ou neurologia, e buscar ajuda especializada. O diagnóstico, em grande parte, é dado por um especialista, neurologista ou psiquiatra, que, muitas vezes, endossa um autodiagnóstico já realizado pelo paciente.

Assim, após o diagnóstico, o sujeito é eximido da culpa por portar esse transtorno, uma vez que se trata de um problema de disfunção cerebral, genético. Há uma sensação de isenção de responsabilidade dos sujeitos no que se refere aos seus sintomas, ressalta Lima (2004):

> [...] os sujeitos não se sentem responsabilizados pelos seus sintomas, nem querem saber por que se "sabotam" inconscientemente, através de uma psicanálise, por exemplo. Uma nova descrição para seus problemas – no fundo, para toda sua identidade e história – a qual conta com respaldo médico e "científico" costuma gerar um arrebatamento que resulta numa adesão entusiasmada. (p. 87)
>
> A culpa se dissipa, mas pode dar lugar a um sentimento de raiva ou impotência por ter se sentido responsável e ter convivido tanto tempo com algo que era apenas produto de um mal-funcionamento cerebral. (p. 88)

A partir desse momento, há um convencimento de que o sujeito porta um transtorno, e que por ser geneticamente determinado, proveniente de uma disfunção orgânica, necessita de medicação como forma de obter controle sobre os sintomas, mas não de curá-los. Isto é, em muitos casos, não se trata de ir em busca de "como restaurar a normatividade e ficar bom", mas, por trás dessa perspectiva, é preciso haver um convencimento de que não tem cura. É uma questão ética importante a ser pensada.

O indivíduo do transtorno de pânico é um indivíduo com as características do sujeito "pós-moderno"?

Como já expusemos, as formas de subjetivação da atualidade se constituem por meio do corpo. Imagens, práticas discursivas, tomam o corpo como objeto, constituindo-se o cerne do ideal social contemporâneo. É pela via somática que o indivíduo realiza descrições de si, e como afirma Devereux (1970), é nesse sentido que se formam os padrões de normalidade e de desvio. Portanto, percebemos que o sujeito que se identifica como tendo a síndrome do pânico se adapta a esta forma de se reconhecer, de se sentir e de agir.

Sob esta ótica, e utilizando as teses expostas anteriormente, vamos descrever os traços subjetivos dos indivíduos contemporâneos relacionando àqueles dos indivíduos que se reconhecem como portadores da síndrome do pânico. Com base no estudo do imaginário cultural e da formação de subjetividade, e apoiando-nos na noção de Devereux (1970), de que a cultura fornece modelos de normalidade e modelos de patologia, retomamos a ideia de que, em uma mesma matriz identitária, aquele que por uma razão ou outra não consegue realizar o ideal cultural majoritário, em geral, realiza esse ideal como patologia.

Dito de outra forma, os sujeitos com transtorno de pânico, em muitos aspectos, aderem às formas de subjetivar-se e identificar-se aqui descritas. Uma dessas características fica bem clara no discurso dos sujeitos, quanto à circunscrição corpórea do sintoma. Em uma das passagens o sujeito afirma:

> Sujeito 1 – [...] paniquentos são pessoas muito cheias de manias, de neuroses... uma hora tá bem, outra já não está. Ent. – ... mas neuroses temos todos nós, humanos, Sujeito 1 – Sim, mas não a ponto de torná-las reais (rs) [...] na verdade é uma hipocondria, eu sou um pouco ainda, mas confesso que já fui mais. [...] De qualquer dor de cabeça... achar que é um AVC, ter dor nas costas e achar que é pneumonia [...] *tem gente que diz que fica tipo escaneando o corpo* [...] você tem noção disso... procurando uma dor... *prestando atenção em todo o corpo, mede a pulsação, os batimentos cardíacos, acha que a cabeça está dando umas pontadas* [...] e isso a pessoa já imagina que é uma doença grave [...] acho que por causa do medo de morrer. (Sujeito 1)

Salientamos, nessa passagem, a recorrência a um sentido de corpo *"máquina"*, utilizado por Le Breton, quando o sujeito em seu discurso afirma que tem gente que fica "escaneando o corpo". Na falta de exercer um controle sobre a sua existência, nos diz Le Breton, nos resta exercer o controle sobre o nosso corpo, através de diferentes estratégias. Escanear o corpo é uma forma de ter um certo controle de si e tentar antecipar o inesperado. Nesse sentido, notamos que essa atitude se enquadra no que expusemos sobre a gestão da saúde. O sujeito tem que atender a esse critério, para ser aceito nessa utopia da saúde perfeita (Sfez, 1996), e como temos a privatização do risco, cabe a ele a empreitada desta tarefa, de cuidar de si mediante uma constante vigilância corporal.

Importa acrescentar que essa vigilância corporal implica certa atitude de percepção do corpo como "exterior" a si, ou, como afirma Le Breton, o sujeito aparece na exterioridade de seu corpo. Se o corpo tona-se emblema do *self*, a interioridade do sujeito resvalada em seu exterior apresenta um "esforço de exterioridade, reduzindo-se à sua superfície". Entrevemos que o sujeito aparece na exterioridade de seu corpo, e em um sentido metafórico, se aproxima do que o autor conceitua como "corpo máquina", por vezes, exterior ao sujeito. E nos induz ao paradoxo de que "é preciso se colocar fora de si para se tornar si mesmo. Mais do que nunca, repetindo Paul Valéry *apud* Le Breton (2003), "a pele é o mais profundo" (p. 29).

É como se houvesse uma autonomia do corpo em relação ao indivíduo, nessa compreensão do transtorno. Eis o que nos relata uma pessoa que reconhece ter o transtorno de pânico:

> Acho que o pânico é uma ansiedade absurda que nós mesmos criamos, por vários motivos. Vamos somatizando no decorrer de nossas vidas, valorizando coisas que deveriam ter menos importância. [...] Supervalorizamos a ansiedade, a doença, qualquer dor, se o coração tá batendo [...]. (Sujeito 1)[61]

Desse modo, podemos entender o corpo como sendo abarcado pelo discurso científico, o corpo fragmentado, ao qual se refere Rabinow (1999). Ele difunde a ideia do corpo como

61 Depoimentos extraídos de sites na internet, de comunidades de autoajuda sobre pânico.

mercadoria, a noção de pessoa que se ancora puramente na materialidade do corpo e suas partes (com o cérebro ocupando a posição de candidato contemporâneo). Hoje,

> [...] é a matéria fragmentada do corpo e não "o corpo" que tem valor potencial para a indústria, a ciência e o indivíduo. A abordagem do "corpo" encontrada na biotecnologia e na genética contemporânea fragmenta-o, transformando-o num reservatório potencialmente discreto, cognoscível e explorável de produtos e acontecimentos moleculares e bioquímicos. Em decorrência de seu comprometimento com a fragmentação, não há literalmente concepção alguma da pessoa como um todo subjacente a essas práticas tecnológicas específicas [...]. (p. 182)

Constatamos, então, como o lugar conferido ao corpo é pregnante quando a própria pessoa, ao se reconhecer portadora do transtorno de pânico, descreve os sintomas dessa forma:

> fui tirando pensamentos ruins da minha cabeça (rs). Antes eu sentia ansiosa... meu coração disparava e eu me descontrolava toda... achando que ia ter um enfarte... hoje já não penso mais assim. [...] Respiro, desvio meu pensamento... e já vou falando para mim mesma que não é nada. (Sujeito 1)

Isto é, compreendemos o transtorno de pânico como uma entidade nosológica nova criada pela psiquiatria, em que os sujeitos que assim se identificam, descrevem que, nas crises, existe uma perda de controle sobre o corpo, signos de que no pânico há indícios de "falência corporal".

Desta maneira, o descontrole do corpo e das funções corpóreas, os órgãos do corpo que passam a não atender mais o indivíduo são os referentes em um ataque de pânico. O corpo fica no comando, desregulado, e revela que alguma coisa não vai bem. Os referenciais de angústia são somáticos, provêm de alterações no estado do organismo: o coração dispara, há falta de ar, náuseas, pode haver vertigem, dor ou desconforto toráxico, sensação de sufocamento, sudorese, tremores ou abalos, sensação de formigamento ou anestesia, calafrios ou ondas de calor, e medo de morrer, perder o controle, ou enlouquecer (DSM IV – TR, 2002, p. 419).

Esse fato parece estar associado à matriz identitária dos indivíduos, que se dá fundamentalmente pela via somática, e isso é uma característica essencial para distinguirmos e assinalarmos o pânico como uma enfermidade, uma forma de sofrimento típica de sociedades como as ocidentais, em um contexto pós-moderno.

Percebemos a especificidade da sensação de pânico, hoje, em parte pelo fato de o medo ser, principalmente, de *descontrole*, isto é, mais até do que medo de morrer é o "*medo de ficar louco*". Esta é uma significativa diferença, se observarmos, por exemplo, as neuroses de guerra ou a neurose cardíaca do século XIX, em que, de fato, havia o perigo iminente das guerras. Hoje isto não ocorre, pois não há explicação plausível em relação ao sentimento extremo de descontrole sentido no pânico.

> A retirada para o corpo, para a aparência, para os afetos é um meio de reduzir a incerteza buscando limites simbólicos o mais perto possível de si. Só resta o corpo para o indivíduo acreditar e se ligar. (Le Breton, 2003, p. 32)

No que se refere à questão da imprevisibilidade e insegurança da sociedade do risco permanente, concordamos com Costa quando este afirma que houve uma mudança clínica no perfil dos analisandos pós-modernos, em que os distúrbios como o pânico têm remetido a um "eu mais primitivo", anterior à angústia da castração, dando-nos a impressão de que a gênese do conflito seja proveniente da importância do desejo de segurança na determinação do sintoma.

Afirmamos a respeito da contribuição da psicanálise, portanto, com base, principalmente, em textos winnicottianos, citados anteriormente, que indicam o quanto são importantes a previsibilidade e a confiança no ambiente para uma experiência de continuidade da existência do sujeito.

O que presenciamos no cenário das sociedades contemporâneas é que o mesmo abalou as bases do sentimento de confiança e segurança dos sujeitos, visto que as relações que mantinham as pessoas vinculadas perderam sua relevância. Ou seja, a confiança que a identidade coletiva gerou no passado, está praticamente extinta. A individuação sem um processo paralelo de reintegração em uma nova rede social pode contribuir para perpetuar essa atmosfera de desconfiança. Daí podermos associá-la aos sentimentos de "descontrole" dos sujeitos. É a partir da imprevisibilidade do ambiente que o pânico parece manifestar-se como defesa nos indivíduos mais fragilizados do ponto de vista de sua ontologia, no que se refere à crença de um ambiente suficientemente bom.

Como afirmamos antes, esse sujeito pós-moderno não está mais sob as teias de segurança sociais tradicionais, nem sob amparo e sustento fornecidos pelo Estado, que possibilitariam minimamente aliviar o desconforto trazido pela sensação de incerteza e insegurança.

Visto que a confiabilidade é apontada por Winnicott como característica central do cuidado materno suficientemente bom, a monotonia e a previsibilidade são elementos que fornecerão os "cimentos" das primeiras etapas de amadurecimento pessoal. Como ressaltamos anteriormente, um aspecto central dos cuidados adaptativos está relacionado ao tempo. E na atual conjuntura social, notamos que a relação com o tempo é bastante peculiar às características dos tempos pós-modernos, como afirma Emerson, citado em Bauman (2007): "quando se patina sobre o gelo fino, a segurança está na nossa velocidade" (p. 7). Isto é, as modificações no manejo do tempo são fundamentais na constituição das subjetividades atuais. Segundo Lima (2004):

> No lugar da administração segura e previsível de uma vida, aparece a experiência do tempo fragmentado e da obsolescência do sentimento de "longo prazo" [...] O desenraizamento e a desfiliação resultam numa reificação do presente e do provisório, visando à adaptação através do movimento contínuo, Perdem-se o cultivo da história passada e dos planos de futuro. (p. 92)

Por conseguinte, estamos lidando com uma noção de temporalidade que está distante da idealizada por Winnicott, que se centrava em critérios como a monotonia, previsibilidade, para que se adquirisse a capacidade de confiar. Isso remete à noção de traumático em Winnicott, que se refere a uma relação interpessoal, associando-se com uma determinada invasão do ambiente que o bebê não dá conta de suportar, não pode defender-se no momento, relaciona-se com a ameaça de aniquilamento. Em um primeiro estágio do seu desenvolvimento, referido por Winnicott, há uma dependência quase absoluta, e a ocorrência do trauma se dá pela quebra do sentimento de confiabilidade. O ambiente sendo imprevisível, o colapso advém de uma falha no âmbito da confiabilidade, a saber, o desintegrar-se, o cair para sempre, a ausência do conluio psicossomático ou ausência de orientação, o sentimento de estar totalmente isolado e sem possibilidades de se comunicar, de se relacionar com objetos. E o pânico seria uma possível defesa frente à ameaça de um colapso proveniente de uma falha nesse estágio da infância do indivíduo, essa quebra do sentimento de continuidade poderia deflagrar as agonias impensáveis, reafirmado por autores como Dias (1998), então, como o estágio em que provavelmente houve as "falhas" que posteriormente poderiam gerar sintomas como o pânico.

Assim, insere-se a discussão acerca do transtorno de pânico como um novo distúrbio sociomédico nas sociedades contemporâneas. Em outras palavras, refere-se, em certa medida, à relação entre o sintoma do pânico e os dois tópicos que compõem o processo de identificação da atualidade: a sociedade de risco e a cultura somática já referidos.

Acrescenta-se a isso que a responsabilização pelo destino do sujeito cabe apenas a ele, no que diz respeito à sua saúde; dessa forma, temos um quadro social de desamparo, que atinge também a esfera da saúde pública, como afirma Costa (1988). Para o autor, o texto freudiano *Psicologia das massas e análise do eu*[62], que categoriza o pânico grupal, é

62 Freud toma pânico a partir da perda do líder, em psicologia das massas, como sendo um fenômeno grupal, individualizado. A individualização do pânico está Em *Psicologia das massas e análise do eu*, em que Freud (1921) nos oferece uma interpretação acerca dos fenômenos e processos de massa estudados pelos psicólogos sociais do começo do século (Le Bon e Mc Dougall). Então, nesse processo de formação grupal e desmoronamento ou esfacelamento do líder, há uma relação com o ideal do ego. Freud conceitua o pânico, portanto, como a condição afetiva que se instaura quando ocorre o desabamento repentino dos laços libidinais que, até então, mantinham a unidade de uma estrutura. Tal ruptura se dá em virtude da perda da referência a uma instância ideal que garanta por si mesma a integração do conjunto. A derrocada dessa instância ideal força o reconhecimento do fundo essencial de falta de garantias, sobre o qual se assenta toda a organização – individual e grupal – mas que permanecia velada pela imagem fascinante do líder protetor. A queda súbita dessa garantia revela, de modo

essencial para pensarmos o pânico hoje, uma experiência que apesar de individualizada, emerge, sobretudo, de uma base sociocultural. É uma maneira de pensarmos que o pânico surge de um conflito que a nossa sociedade não consegue resolver, que é a de impor aos indivíduos expectativas em relação a uma *performance* individual arrojada e competitiva e, ao mesmo tempo, não dispor de "grandes ideais" identificatórios, instâncias de Ideal do Ego para os sujeitos se ancorarem e lhes servirem de referência. Nesse sentido, o pânico se instaura quando há a perda da referência a uma instância ideal que garanta a integração do conjunto. Pelo que foi exposto até aqui, percebemos que há indícios para pensarmos nossa sociedade, amplificando ao máximo a experiência de desamparo dos indivíduos.

O pânico, ou o chamado transtorno de pânico surge hoje como resultado desse apanhado de forças sociais, que, ao mesmo tempo, impele os sujeitos a assumirem riscos e se arriscarem, enquanto, por outro lado, maximiza os perigos reais e imaginados. Em nossa cultura, diz Costa (1998): "a experiência de impotência/desamparo é levada a um ponto tal que torna conflitante e extremamente difícil a prática da solidariedade social" (p. 165). A cultura aparece como reflexo de um clima de desorientação e de ansiedade, na qual há um declínio da crença na transcendência da justiça

brutal, a condição subjacente ao desamparo, que permanecera dissimulada até aquele momento, arruinando subitamente as ilusões de segurança e provocando pânico. (Rocha, 2003). Utilizamos esse texto de Freud para nos auxiliar na compreensão do pânico na atualidade. Inicialmente, para deixar claro que em Freud, não nos parece uma categoria da clinica psicanalítica, a questão do pânico. O pânico como Freud trabalha nesse texto trata de um "diálogo" que ele trava com os pensadores da psicologia social (Le Bon, principalmente), acerca de uma tentativa de utilizar os preceitos da psicologia do sujeito para analisar a questão da "mente grupal".

e da autoridade, em que é comum a perda do engajamento e da noção de responsabilidade individual. Um traço desta cultura se manifesta na esfera dos comportamentos sociais. "[...] a cultura da violência mostra como a falência dos Ideais, acenando com o pânico narcísico, desequilibra a economia egóica e compromete seriamente o bem-estar do sujeito e de sua sociedade" (p. 163).

Na crise de autoridade, o que acontece é a dissolução de instâncias doadoras de identidade, e resta "cada um por si". Sem essa rede de amparo social, os indivíduos, no extremo de seu desamparo, ficam à mercê do pânico narcísico.

Apoiando-nos em Freud, que afirma que o pânico se estabelece em meio à perda de laços identitários, se a sociedade tiver como imperativo, "arrisque-se", e ao mesmo tempo maximizar os riscos imaginários, haverá um sujeito frágil pós-moderno, exposto a sua mais grave experiência de desamparo.

Há diversas maneiras de estudar a questão do risco e queremos enfatizar aqui duas delas: 1) a questão do risco tomada como um imperativo da sociedade pós-moderna, que afirma "proteja-se", "precavenha-se", e que autores como Frank Furedi (2002) e Débora Lupton (1995) demonstram em seus trabalhos; 2) a dimensão do risco na sociedade moderna, por meio do imperativo "arrisque-se", "seja arrojado", que citamos no estudo de Spink (2001), que versa principalmente sobre a dimensão do risco-aventura na atualidade.

Achamos interessante abordar esse conflito entre os dois imperativos que habitam as formas de subjetivação atuais: "arrisque-se" e "proteja-se". Explicaremos melhor.

Retomando Devereux (1970), que afirma que a cultura nos fornece "regras" para as formas de sofrimento psíquico, ou seja: "não se é louco como se quer", mas com base nas normas ditadas por uma rede discursiva social, acreditamos que seja essencial, na exploração das matrizes culturais do pânico, pensar que nossa cultura contemporânea nos fornece regras para os sujeitos sentirem pânico.

A cultura do risco incentiva a ideia de confronto, competição, iniciativa, como sendo indicativo de uma boa *performance*, ou seja, atender a esse ideal valorado vigente é o que se espera dos sujeitos na atualidade. Em contrapartida, a sociedade maximiza os perigos imaginados do risco. Assim, qual é a reação psicológica a esse tipo de dinâmica social do risco socioculturalmente construído?

Como nos diz Costa, em um mundo onde não há perspectivas futuras – não há a força dos meios tradicionais de doação de identidades, como a família, a religião etc. –, em que há a descrença na justiça, na lei, no que é transcendente, o que importa é o presente, a boa vida, que se dá por meio do culto às sensações. Portanto, o discurso do risco hoje se fundamenta em um par que reflete a atualidade, em torno do binômio: *Segurança x Prazer*. O risco passa a fazer parte do comum, do banalizado, e relacionado às experiências corporais, na cultura atual.

A modalidade de identificação que, para os antigos, tinha um referencial em Deus, agora se inscreve no corpóreo, modificando-se assim a natureza da experiência sentimental. O medo já não é mais sacralizado, não tem mais relação com Deus, parece adquirir uma modalidade privatizada com base nos discursos sobre risco. O pânico parece migrar de uma esfera coletiva e ser individualizado, inscrevendo-se corporalmente.

Porém, é importante ressaltar que o pânico, hoje, embora seja individualizado, internalizado, parece apresentar-se, fenomenicamente, habitando o terreno somático. Ou seja, o pânico aparentemente não extrapola os limites corporais. Não se trata de uma internalização psicológica, presente no sujeito sentimental, mas de uma experiência do pânico via corpórea. É como se, na experiência do pânico individualizado, houvesse um medo de descontrole corpóreo, o grande pânico de enlouquecer, de não ter mais o controle sobre as funções corporais[63].

O que acontece hoje é que os indivíduos estão aprendendo a ter pânicos individuais, patológicos. Na época de Freud, ele referia-se aos pânicos coletivos, das massas. Hoje, parece que a cultura começa a fornecer regras, parâmetros para que os sujeitos sintam o pânico individualmente, a partir, principalmente, desses imperativos que são perpassados na sociedade.

Podemos afirmar que está havendo um deslizamento semântico do conceito de pânico que antes era vivenciado como um fenômeno unicamente das coletividades, tal como concebido por Freud com relação à psicologia das massas, surgindo a partir da falência dos ideais, que seria próximo ao sentido do pânico como usualmente utilizado no senso comum – para o pânico individualizado hoje, internalizado principalmente através dos discursos acerca do risco e patologizado, como vemos no caso da síndrome do pânico.

Deter-nos-emos na questão da predominância dos discursos que conferem ao corpo um papel pregnante na formação

63 Essa discussão foi originada nas reuniões de orientação do doutorado, dirigidos pelo Prof. Jurandir Freire Costa, e se refere, basicamente, à compreensão do pânico como um medo de descontrole corpóreo, como se o sujeito tivesse medo de que seu corpo adquirisse autonomia diante de si. Seria uma sensação de que as funções corporais ganhassem autonomia e ficassem desgovernadas, de uma maneira repentina, sem que o sujeito pudesse se dar conta e não pudesse controlar, pois as funções anímicas se desregulariam e o corpo entraria em "pane".

de identidades atuais, como também suas formas desviantes, ou seja, os grupos de sujeitos que apresentam sua psicopatologia ligada a essa questão.

Diagnóstico: um dos componentes da matriz bioidentitária

Acreditamos que, tomar por base os referentes unicamente orgânicos, por uma sintomatologia privilegiada na fenomenologia dos ataques, é uma questão que tem a ver com a rede discursiva que privilegia esse discurso, ou seja, o critério biológico, o único aceito, porque validado pela ciência. Então, um fenômeno interessante que vem ocorrendo é que tais critérios biológicos vêm servindo como matrizes de identificação dos sujeitos pós-modernos. Seguindo a mesma lógica, as classificações psiquiátricas seguem este padrão.

Assim, o transtorno de pânico, por exemplo, pode servir de matriz bioidentitária dos sujeitos, mesmo por meio da patologia. Como vimos, autores como Costa, demonstram que a cultura somática nos fornece tais matrizes de identificação pelas bioidentidades.

O sujeito perde o controle de si porque ele não reconhece o que sente. O sujeito vai à busca de algo que perdeu, e o diagnóstico é uma confirmação externa, é uma maneira de se identificar.

Então, há essa migração na construção bioidentitária: de *ter* o transtorno de pânico, que ao mesmo tempo é fator identitário, e, portanto, de reasseguramento, de circunscrição, de maneira sutil vai migrando para a de *ser* portador de um transtorno (Lima, 2004). Então, temos um paradoxo: ao mesmo tempo em que a pessoa fica de certa maneira isenta de responsabilidade, pois tem um transtorno que independe dela, paulatinamente passa de uma postura de quem tem o transtorno para a de quem é desviante, é *paniquenta*, *panicada*, etc.

Retomamos o conflito que essa identificação na bioidentidade sindrômica pode acarretar. Por um lado, é tranquilizador, porque o sujeito sabe o que tem, mas, por outro, pode levá-lo a uma passividade, porquanto se convence de que tem algo que é unicamente orgânico e genético e não há muito a fazer, a não ser tomar medicação, esperar o remédio fazer efeito e se conformar, além de procurar redes de solidariedade, com quem compartilhe da mesma síndrome ou transtorno.

No caso do pânico, há vários adjetivos que integram o vocabulário sindrômico: "*panicado*", "*paniquento*", "*panicoso*", entre outros, que são qualificações atribuídas ao modo como o sujeito passa a se ver e ser visto. Ou seja, pertencer ao grupo do pânico, ou "*clube do pan*" fornece um sentido de pertencimento mínimo aos sujeitos, ainda que não seja aquilo que seria a conduta ideal do imaginário de risco e do imaginário somático.

Verificaremos mediante esse ideal identitário – o qual, em um cenário de risco permanente, tem como matriz o corpo anatomofisiológico – de que maneira o pânico emerge e é difundido. Nessa forma de subjetivar-se, defendemos que os tipos de patologia, como o transtorno de pânico, por exemplo, podem servir também como redes de pertencimento aos indivíduos que estão fragilizados perante a individualização e fragmentação das sociedades atuais. Sendo o modelo social vigente a identificação por meio da bioidentidade, os grupos sindrômicos funcionam como matrizes identitárias nesse novo sujeito pós-moderno.

Constatamos que o passo seguinte normalmente nesses casos é buscar filiação em redes de sociabilidade. Como afirma Rabinow (1999), essas formas de biopoder engendram sociabilidades, nesse sentido, biossociabilidades que nascem da patologia. Acreditamos que o pânico se torna uma bioidentidade patológica, porque os sujeitos:

- Apresentam uma circunscrição corpórea do sintoma, do quadro clínico em geral. Os sujeitos se veem como tendo uma alteração orgânica, disfunção neuroquímica, portanto, genética;
- Buscam comunidades para se integrar – o diagnóstico é um marcador de identidade, mesmo que patológica: são bioidentidades;
- Procuram solidarizar-se de várias maneiras, como em grupos de autoajuda presenciais, grupos de autoajuda da internet, como comunidades *sites* etc.

Após o diagnóstico, então, o sujeito passa a buscar redes de pertencimento, as chamadas biossociabilidades, que são as associações de panicados, presenciais ou pela internet, grupos de autoajuda, de pertencimento. As pessoas não só se autodiagnosticam, mas também constroem uma identidade sindrômica que seria uma forma de bioidentidade.

Uma vez que o indivíduo é diagnosticado, há uma espécie de acomodação à bioidentidade desviante, de "panicado", e diminui o mal-estar por não saber o que acontecia consigo. Uma vez retomada a referência, ele vai buscar outros elementos da matriz identitária, procura comunidades de pertencimento, de autoajuda. Porém, o ideal de cura para este sujeito pode ficar restrito, se ele se acomoda ao diagnóstico e se restringe, com certa atitude de passividade. Há um mecanismo de se encolher diante de si, diante do outro, e essa busca e convencimento acerca do diagnóstico favorecem esse encolhimento. Há uma espécie de desenvestimento de suas defesas, há uma regressão desse sujeito.

Nesses encontros de comunidades sobre o pânico, os quais a internet é uma via privilegiada, observamos que há várias trocas de experiências, a maioria delas que integra o vocabulário psiquiátrico sobre a questão[64]. Faz parte do imaginário dos que participam da comunidade uma causalidade orgânica do sintoma, embora, em muitos casos, se veja uma saída como cura. Mas a maioria dos relatos refere-se a sintomas orgânicos, e tipos de medicamentos, sejam novos ou não, reações orgânicas aos medicamentos etc. A referência à psicoterapia é feita, porém considerada secundária ao tratamento e, em muitos casos, ganha pregnância a terapia cognitivo-comportamental.

Ademais, há um número considerável de fatores envolvidos nas práticas de comunidades criadas, um dos quais consiste na proximidade que se dá por causa da doença.

Como afirmamos anteriormente, Rabinow (1999) destaca a força da genética em todo o tecido social, e seus efeitos futuros, observados com base nas práticas médicas e seus discursos, em que a nova genética se tornará "uma rede de circulação de termos de identidade e lugares de restrição em torno da qual e através da qual surgirá um tipo

64 Tivemos o intuito de ilustrar nossa hipótese com depoimentos de participantes de comunidades sobre o pânico na internet. Não se tratou de analisar metodologicamente esses grupos, o que seria, por si só, objeto de estudo de um outro trabalho. Apenas ilustramos esse capítulo com trechos de conversas extraídas dessas comunidades, em especial a *Família panicats*, comunidade que se destacou entre outras sobre o gênero, e ganharam destaque em nosso trabalho.

verdadeiramente novo de autoprodução: vamos chamá-lo de biossociabilidade" (p. 140).

É isso o que começa a acontecer com os portadores do transtorno de pânico. Quando se iniciam no movimento de procura de informações acerca de sua doença, filiam-se em comunidades em busca de partilhar experiências, como informações sobre medicamentos, outros mecanismos de autoajuda, terapias cognitivas, etc. Ou seja, cria-se em torno das comunidades ou associações de autoajuda, para si ou para os familiares, redes de circulação de novas identidades em torno dos lugares ocupados por estes sujeitos, lugares cujos entornos são dados através de um quadro sindrômico, no caso, o transtorno de pânico. É a essa forma de produção de discursos e de autoprodução que o autor denomina de biossociabilidade.

A questão fundamental a ser extraída daí, salientada pelo autor, é a criação de novas identidades e práticas individuais e grupais, surgidas destas novas verdades. Por exemplo, é possível se pensar em grupos, portadores de certas predisposições genéticas que vão se encontrar no futuro para partilhar experiências, "fazer *lobby* em torno de questões ligadas às suas doenças, educar seus filhos, refazer seus ambientes familiares, etc. É isto que eu entendo por biossociabilidade" (p. 147).

Os sujeitos com transtorno de pânico apontam para uma necessidade de apoio, de reconhecimento. A sensação é que a maioria das pessoas não vão entender o que elas estão sentindo. Nesse sentido, a comunidade funciona como uma rede de amparo, na medida em que as pessoas lá entendem o que se passa com o sujeito. Porque existe certo rechaço social às patologias, obviamente em uma sociedade cuja utopia é ser saudável, sempre e o tempo todo. Quem se afasta desse ideal, dessa norma, tem que ser excluído, ou melhor, há pressões sociais para que este sujeito seja rapidamente reintegrado à sociedade de forma a ser compatível novamente à vida nessa sociedade, mesmo que sejam dadas condições mínimas para a sua reintegração. Dessa maneira, esse imperativo é um operador de exclusão social. Milhares de pessoas são afastadas de seu ambiente de trabalho, por não haver espaço para o adoecimento psíquico. Isolado estruturalmente pelo declínio dos valores coletivos do qual é ao mesmo tempo beneficiário e vítima, o indivíduo busca, em sua esfera privada, o que não alcança mais na sociabilidade comum.

O fenômeno das biossociabilidades organizadas em torno de comunidades unidas pelo diagnóstico da síndrome do pânico

Um caminho encontrado pelos sujeitos pós-modernos para lidar com o transtorno de pânico é o de buscar uma teia de proteção social através das biossociabilidades. Então, essa questão se insere em uma longa linha de debates, que trata da legitimação de tais grupos, que se unem por compartilharem alguma forma de doença, sofrimento psíquico, o que de alguma maneira implica em um tipo de exclusão social.

Como exemplo, podemos mencionar os grupos de pacientes com câncer, grupo dos alcoólicos anônimos, grupos dos portadores de HIV, entre outros. São grupos em que as pessoas se engajam e nos quais a sociabilidade se torna mais fácil. Inclusive há redes institucionais criadas em torno desse objetivo, as *Ongs*, muitas organizações constituídas com esse propósito, uma vez que há uma maior facilidade em receber apoio, compreensão, entre os que compartilham a mesma rede de crenças, como no caso de um diagnóstico.

As pessoas que se encontram em comunidades presenciais como AMBAN (Ambulatório de Ansiedade do Hospital das Clínicas, SP), ou ainda *Ongs*, como o grupo ANSP (Associação Nacional da Síndrome do Pânico), ou as diferentes associações de ajuda a familiares de pessoas com pânico, que são criadas com o objetivo de formar redes de sociabilidade acerca de doenças, (não apenas sobre o pânico, mas há grupos de apoio a pacientes com AIDS, grupo dos AAs – alcoólicos anônimos, entre outros), um tipo de sociabilidade alternativa, que não era encontrada nem na família, nem na psiquiatria, nem na sociedade. Com o avanço das tecnologias, como o telefone e a internet, a sociabilidade a que nos referimos passou a acontecer também por essas vias, como é o caso das comunidades virtuais.

Dentre elas, citamos um site da internet que marcou o início da criação das comunidades virtuais, denominado *orkut*. Este foi um dos primeiros ambientes virtuais criados (por volta do início dos anos 2000) em que as pessoas eram convidadas a participar por meio de comunidades criadas em torno de um diagnóstico de transtorno de pânico (ou algum outro transtorno qualquer). Nestas, como muitos grupos virtuais atuais, os sujeitos se identificavam, se descreviam como pertencentes às diferentes comunidades acerca da síndrome do pânico.

Tipicamente, como hoje em dia, nessas comunidades o pânico é tomado como doença, buscam-se informações a respeito das novas medicações, de novas formas de tratamento – que na maioria das vezes, trata-se de farmacoterapia aliada à terapia comportamental – a dúvida sobre existir ou não cura. Além disso, compartilham os sintomas, procurando saber se sentem determinados sintomas considerados estranhos, como formigamentos, se a reação a um remédio específico é normal, entre outras questões. Por exemplo, uma das comunidades tem a seguinte chamada:

> A síndrome do pânico não é frescura, bobagem ou loucura. É importante saber que a pessoa já sofre o bastante, com os sintomas da doença, fazê-la se sentir fraca ou perturbada mentalmente, é muito cruel e absolutamente desnecessário. A pessoa apenas está doente e precisa de ajuda[65].

O discurso da medicalização é tomado como critério de verdade e dita a norma do que é doença e do que é saúde. Por exemplo, no *site* da *NIMH* (*National Institute of Mental Health*), a chamada para o site é uma descrição dos sintomas do transtorno de pânico, e consequentemente uma forma de os sujeitos poderem se autodiagnosticar, via internet. Por isso, nesse sentido, as comunidades estão no lugar de mais um veículo difusor das representações médicas do pânico como doença.

Como Rabinow, também indagamos: será que no futuro essas serão formas normais de se incluir em redes de sociabilidade? O que nos é estranho hoje será familiar amanhã? Trata-se de um projeto viável, em termos éticos e morais? Podemos nos opor a esse processo, pela resistência a essa forma de sociabilidade? Ou não? A solução seria apontar para sua forma criativa de novos sujeitos que se afastam daquela culpabilização que tinham com o sujeito sentimental? Isto é, seria preferível pensar, como Costa (2005) que são novas

65 Essa comunidade continha 1771 membros em outubro de 2006.

formas de vida, talvez menos culpadas, sem o sentimentalismo, na era dos sentimentos, que afundou tanta gente a partir de uma moral culpabilizadora?

Há diferentes nuances que permeiam essas questões, e não pretendemos aqui esgotar as respostas para perguntas complexas como estas. Porém, permitimos-nos indagar acerca de algumas questões que permeiam o debate sobre o tema. Chamamos atenção para a crítica acerca das chamadas minorias étnicas, em que há uma espécie de formação de guetos que funcionam, como afirma Bauman (2003), como "comunidades solitárias", ou "comunidades cabide", que não têm o sentido de pertencimento das comunidades da "Era do Engajamento", ou seja, não portam o sentido de "bem comum".

A crítica de Bauman (2003) às "comunidades-cabide" é que tais comunidades estéticas teriam a característica de não "tecer entre seus membros uma rede de *responsabilidades éticas* e, portanto, de *compromissos a longo prazo.* Quaisquer que sejam os laços estabelecidos na explosiva e breve vida da comunidade estética, eles não vinculam verdadeiramente: eles são literalmente 'vínculos sem consequências'" (p. 67). Tais comunidades seriam descritas pelos adjetivos como instantâneas, descartáveis, dissolúveis. "A comunidade que procuram seria uma comunidade ética, [...] teria que ser tecida de compromissos de longo prazo, de direitos inalienáveis e obrigações inabaláveis, que, graças à sua durabilidade prevista [...] pudesse ser tratada como variável dada no planejamento e nos projetos de futuro" (p. 68).

Como vimos, a sociedade atual pós-moderna, está longe de ser o lar seguro desejado pela maioria de nós, como ideia da boa sociedade almejada. Com a perspectiva do desengajamento, afirma Bauman, a sociedade cada vez mais se afasta de um sentido de comunidade que visa ao "bem comum", para o sentido de comunidade "compartimentalizada". É o que o autor explora no texto "*o nível mais baixo: o gueto*", em que aborda um dos sentidos atuais do termo comunidade que, muitas vezes, torna-se sinônimo de isolamento, proteção contra a insegurança. Como diz o autor:

> Esperar que o Estado, se chamado ou pressionado adequadamente, fará algo palpável para mitigar a insegurança da existência não é muito mais realista do que esperar o fim da seca por meio de uma dança da chuva. Parece cada vez mais claro que o conforto de uma existência segura precisa ser procurado por outros meios. A segurança, como todos os outros aspectos da vida humana num mundo inexoravelmente individualizado e privatizado, é uma tarefa que toca a cada indivíduo. A "defesa do lugar" vista como condição necessária de toda a segurança, deve ser uma questão do bairro, um "assunto comunitário". Onde o Estado fracassou, poderá a comunidade – a comunidade *local*, uma comunidade corporificada num *território* habitado por seus membros e ninguém mais ("ninguém que não faça parte") – fornecer aquele "estar seguro" que o mundo mais extenso claramente conspira para destruir? (p. 102)

Esse sentido de comunidade aproxima-se de gueto, descrito por Loïc Wacquant, que "combina confinamento espacial com o fechamento social" e refere-se principalmente à questão da violência quando afirma: "gueto quer dizer '*impossibilidade de comunidade*'" (Bauman, 2003, p. 111). Para Bauman, existem os guetos "voluntários", nos quais podemos incluir as redes de biossociabilidade.

Mesmo não nos referindo aos guetos descritos por Loïc Waquant, refletimos: corre-se o risco das biossociabilidades estarem se transformando em guetos? Ou guarda ainda o sentido de comunidade ética que Bauman descreve? É uma questão a ser considerada.

"Estimulados a trocar experiências e oferecer alívio e suporte mútuo, na tentativa de eliminar a atmosfera 'negativa' que cerca o diagnóstico" (Lima, 2004, p. 89), os sujeitos vão à busca de redes de sociabilidade que se formam em torno de classificações nosológicas, como a síndrome do pânico.

Tais comunidades de autoajuda, exemplos de biossociabilidades, estão a serviço de quê? Ou seja, as comunidades que se formam em torno da patologia se identificam com esse sentido de comunidade, de certa "obrigação fraterna", ou se filiam ao segundo sentido citado por Bauman, de serem "guetos" formados por sujeitos que têm uma vinculação sindrômica ou patológica?

Seriam os arranjos bioidentitários, que se engendram em torno das novas modalidades de sofrimento psíquico formas de criação de novos guetos, criados por diferentes diagnósticos, como fuga ou saída dessa frivolidade de falta de valores identitários que visem ao bem comum e como resposta ao esvaziamento de teias de sociabilidade voltadas para o coletivo, em prol de individualidades? Ou em outras palavras, as comunidades pós-engajamento são única e exclusivamente comunidades solitárias ao invés de solidárias? Ou podem abrir espaço para que aconteçam reinvenções de si, nesta forma de biossociabilidade? É uma questão que discutiremos a seguir.

Redes de Biossociabilidade: um espaço de abertura para a continuidade da existência?

Acreditamos ser essencial apontar para o fato de que algumas comunidades, por exemplo, se diferenciam por apresentar um potencial criativo maior que as outras. Ou seja, há um tipo de criatividade que pode ser encontrado nessas redes de biossociabilidade, mesmo que se diferencie de um sentido winnicottiano do termo, que se refere à criatividade numa forma de subjetivação e identificação não desviante, ou seja, dentro do esperado, da normalidade. Ou seja, se o sujeito ocupar um lugar de desvio, ele poderá metaforizar sua doença com redescrições de si.

Essas questões são instigantes para se pensar a clínica contemporânea, não apenas sobre a questão do pânico, mas sobre essa forma bioidentitária de se engajarem os sujeitos na atualidade.

Temos a hipótese de que comunidades como essas podem contribuir como uma das saídas possíveis do quadro de pânico, na medida em que possibilitam uma experiência de continuidade da existência do sujeito. Ou podem ser formas legítimas de colocar-se em um mundo competitivo e legitimar-se como portador de uma determinada síndrome e assumir seu lugar no mundo como tal? Ou ainda, quem sabe não pode ser esse o caminho, de uma teia legítima de sociabilidade para dar suporte para que o indivíduo se insira em redes de pertencimento e filiação mais amplas, mais afastadas de seus sintomas e suas referências a partir de bioidentidades "patológicas"?

Em outras palavras: a formação de grupos de biossociabilidade indica, em parte dos sujeitos, uma tentativa de metaforizar o sintoma, seu sofrimento, e assim, metaforizar seu lugar de desviante. Nessas comunidades de autoajuda surgem laços de aproximação e amparo. Pretendemos dar o exemplo de uma comunidade que nos chamou a atenção, que tem como título: "*Família Panicats*", que, destoa do contexto, pois difere na maneira de encarar o fenômeno do pânico, porque os indivíduos que dela participam, priorizam a dimensão lúdica nos fóruns de discussão que propiciam o relacionamento entre os seus membros.

Esta comunidade se destacou, pois pôde ser vista também como uma "ponte" para que o sujeito se redescreva e ressignifique os seus sintomas, de uma maneira que possa ser um caminho para a "cura". Como diz um sujeito pertencente à comunidade *Família Panicats*[66]:

> As outras comunidades sobre síndrome do pânico só falavam em doença. (Sujeito 2)

Então, essa foi uma comunidade criada no intuito de "brincar", "fazer palhaçada", enfim, dar ao pânico uma conotação alegre, que afastasse um pouco a ideia de doença, de medicação, de angústia:

> A gente mais brinca do que fala de doença [...] Isso é uma grande coisa... à autoestima. (Sujeito 1)

Essa diferença consiste na maneira lúdica com a qual esta comunidade lida com os sintomas e os mal-estares suscitados, sobretudo, pelo pânico, preferindo, ao invés de falar da doença em si, falar do que sofre, ou do doente, brincar, se comunicar, realizar trocas alegres e divertidas pela internet através da arte do jogo.

Tais soluções alternativas, como as encontradas, parcialmente, pelos integrantes da comunidade "*Família Panicats*" na internet, são capazes de operar mudanças, como acontece talvez em uma psicoterapia, por ser um grupo que se reúne e cujos participantes demonstram amizade.

66 Essa comunidade apresentava 419 membros na data de 18/3/2007.

Juntos, os sujeitos que ingressam nessas comunidades buscam aplacar conflitos, angústias, sintomas, mesmo que seja por um alívio de encontrarem um outro ser que sofre do mesmo mal. Rotulando-os ou não, alienando-os ou não, nosso olhar é dirigido para a abertura que a criação dessas comunidades permite, isto é, a abertura para o novo, para o encontro, e para aplacar a angústia, porque envolve criação de identidade.

São comunidades destinadas a oferecer ajuda ou de autoajuda, em que os sujeitos, ao invés de se despojarem de suas identidades, como afirma Le Breton, em comunidades de autoajuda, parecem ir "em busca" de identidades: "Os amigos cibernéticos são às vezes mais familiares que os mais próximos porque não se os conhece jamais, e o mistério paira positivamente sobre eles. [...] A supressão do corpo favorece os "contatos" com inúmeros interlocutores". (Le Breton, 2003, p. 150). Consequentemente, os sujeitos se filiam para saber sobre a doença, ter informações, saber que há outras pessoas que sofrem do mesmo mal, buscar força, ânimo, conforto, coragem, etc.

Ou seja, o indivíduo, que pertence às comunidades, pode ser ajudado a restabelecer a normatividade perdida mediante o restabelecimento do quadro sindrômico, procurando outros meios, além da comunidade, para seu tratamento, como a busca por psicoterapias e psicanálise, por exemplo.

Uma pergunta nos vem à mente: então, a comunidade realmente funciona? Por que e com que embasamento fazemos essa afirmativa?

À primeira pergunta respondemos que sim, a comunidade funciona. Primeiro, porque ela cria identidade e criar identidade é sempre fator de tranquilização. Se denominarmos os sujeitos que sofrem de pânico de "*família panicats*", *"paniquento"*, *"panicados"*, *"panicoso"*, *"clube do pan"*, em nosso imaginário já criamos uma determinada circunscrição. E essa circunscrição já é barreira antiansiedade. É criada uma identidade, já se cria um contorno, um lugar para o sintoma. Criar identidade significa que se pertence a um grupo de reconhecimento, são criados laços, há uma referência ao outro.

Porém, há uma diferença qualitativa entre o que as diversas comunidades significam e os efeitos que podem ter. A nosso ver há comunidades que apenas reificam e retificam o discurso da doença e da medicalização. Em uma linguagem psicanalítica, deixam e reforçam o sujeito no lugar do sintoma.

Há outras que não, como vimos nas comunidades *"Família panicats"*, por exemplo, em que se pressupõe um desejo em se sair do lugar do sintoma. Há um desejo de se mudar o discurso, de se descrever e se definir de uma maneira diferente. A união é pela "patologia", mas o que salientamos é que há uma tentativa em criar, em buscar uma saída para uma circunscrição muito aflitiva que consiste no transtorno de pânico. Não apresentamos como a única saída, obviamente, porque as comunidades não substituem uma psicoterapia ou uma psicanálise, mas talvez seja um primeiro passo para que o sujeito se aceite como alguém que está sofrendo e que precisa de ajuda. Diminui a solidão, consequentemente, reforça e amplia os laços sociais, como podemos verificar no relato de um sujeito da comunidade *"Família panicats"*, em entrevista:

> Eu me sentia estufada... parece que não conseguia arrotar [...]. e me sentia cheia de gases... aí um dia vi um monte de gente que sentia a mesma coisa [...] Isso me deu um alívio, pois

> aquilo era ansiedade.. e por consequência dava pontadas no coração... (rs) Já imaginou meu desespero? A gente aprende muitas coisas que não constam naqueles principais sintomas do TP, tem muito mais coisas.
>
> Entrevistador: uma sensação de estar em companhia? Sujeito 1: sim, porque a maioria das pessoas não vão entender... e lá a gente sabe o que sentimos.

Nesse sentido, vale a pena ressaltar que na comunidade *Família panicats*, os sujeitos se encontram em um espaço fora do espaço cibernético. Os integrantes do grupo promovem encontros, churrascos, festas, reuniões em bares, e, segundo depoimentos dos moderadores da comunidade, sujeitos que havia muito tempo que não saíam de suas casas, passaram a participar dos encontros, ou seja, nesse sentido, a comunidade atuou com uma eficácia terapêutica, porque as pessoas, ao se reunirem, virtualmente ou não, estabelecem vínculos de amizade. Portanto, trata-se também de uma forma de intervenção. E por que não dizer, de promoção de saúde?

Por que não elogiar práticas como essas, em um mundo tão competitivo e no qual poucas pessoas se importam com o sofrimento alheio? É uma forma de narcisismo de pequenas diferenças, sim, mas também um exercício e prática de solidariedade social que permite aplacar os sintomas de uma maneira ética. É digno de nota verificar que há saídas como essa que a contemporaneidade aponta, e não apenas vislumbrar o lado nefasto revelado por nossa vida atual.

Apontamos para mais uma relevante questão, que é a ética envolvida nessa concepção. Sabemos que ainda é significativo o número de pessoas que acreditam que o transtorno de pânico é genético, que não tem cura, portanto, com base nesta informação, o sujeito acredita que viverá o resto da vida com aquela sintomatologia crônica, pois ela não lhe mostra a possibilidade para o novo, para que o sujeito possa redescrever seus sintomas.

Atentando para o sintoma, já de alguma maneira, como uma forma tosca de linguagem, e de certa forma, criativa para a solução do conflito, consideramos que o pânico é uma forma de "alertar" que o sujeito está sofrendo e pede uma atenção, uma resposta. As questões que queremos levantar é até que ponto as comunidades podem ser julgadas como uma forma legítima do exercício livre e criativo dos desviantes – e não de quem "trata" dos desvios – de buscar caminhos para retomar a continuidade da existência. Um caminho diferente traçado a partir de suas idiossincrasias consideradas "desviantes", um caminho traçado não por quem detém a autoridade sobre o tema, os especialistas, mas pelo próprio sujeito que tem a experiência do transtorno de pânico.

Analisaremos então, essa questão do transtorno de pânico como um sintoma que está permitindo que os sujeitos possam buscar, digamos, essa continuidade de existência onde ela puder estar inserida. Embora sob o rótulo de transtorno de pânico ou de uma metáfora como "*Família panicats*", por exemplo, é um passo a mais, apesar de ainda estar sob a rubrica da caricatura. O sujeito estaria seguindo a regra da cultura, mesmo que na forma caricatural, como desviante – algo que falhou na continuidade da existência que o sujeito busca reconstruir.

São questões que ficam em aberto para o debate. Concordamos com Schwartzman (1997), quando ela afirma que

> [...] a instalação de uma situação de urgência tal como a que se cria na síndrome do pânico não deve ser então reduzida

> a seu aspecto negativo, ao sofrimento que ela produz. Ela constitui-se também numa exigência e numa oportunidade de melhoria dos recursos psíquicos, desde que não seja completamente abafada pelo silenciamento medicamentoso com que a psiquiatria pretende curá-la. (p. 96)

Nesse sentido, as biossociabilidades "patológicas" não são criativas nesse sentido winnicottiano, mas também não podem ser vistas de uma maneira totalmente contraditória com sua forma de pensar. Se novas normas são criadas a partir da patologia, quais as normas que estão sendo criadas para quem tem o transtorno de pânico, esses "novos desviantes"? Ao contrário de meros agentes passivos nessa cultura do risco e da cultura somática, muitos desses sujeitos são ativos, se integram e agem na tentativa de modificação de si e de seu mundo, embora em um nível extremamente individual.

À medida que passa também a ser responsabilidade individual de cada um cuidar de si, os sujeitos começam a buscar alternativas para escoar seu sofrimento psíquico. Os próprios sujeitos "desviantes", com menos ferramentas para enfrentar esse ambiente excludente e individualista das sociedades de risco, procuram formas de "cuidar de si", uma das quais é num engajamento mútuo em redes de pertencimento cuja matriz de coesão é sindrômica, ou seja, implica na sua forma de ser diagnosticado mediante um saber médico-científico, que detém a verdade sobre si. Por que apenas rotular tais formas de se cuidar como desviantes e não atentarmos para novas formas de intervenção terapêuticas que podem advir daí? Esses sujeitos que estão em busca de um pertencimento, uma identidade, talvez possam obter uma possível cura ou saída em um meio de pertencimento que lhes permita "ressignificarem"os sintomas e retomarem sua vida normal.

Não temos a pretensão de afirmar que as comunidades presenciais ou da internet são a saída satisfatória para os problemas que o pânico como um mal-estar contemporâneo apresenta, ou seja, não se trata de simplesmente uma forma de elogio às comunidades de biossociabilidade.

As comunidades não são a saída ideal para o sujeito que vive e convive com o pânico. O que pretendemos é alertar para diferentes linhas de compreensão com a finalidade de auxiliar o sujeito com pânico. Apostamos em diferentes saídas para lidar com esse sofrimento psíquico. O que queremos apontar é que as redes de biossociabilidade permitem formas diferentes de convívio e de possibilidade de trocas afetivas, e – por que não? – de construção de realidades.

Verificamos que muitas pessoas não saem de casa, principalmente por causa do pânico que sentem, e muitas delas nem sabem que nome dar, mas acham que é pânico. E a internet é um meio poderoso de se chegar até essas pessoas.

Um dos sujeitos entrevistados, ao ser indagado sobre o porquê de tantas comunidades sobre o pânico, dá-nos a seguinte opinião:

> Acho que cada um tem uma visão diferente e quer ajudar à sua maneira [...] tem algumas que é mais a base de orações, outras só textos.. Olha me ajudou muito e continua me ajudando. (Sujeito 1)

Então, como comunidades de autoajuda, existe o sentido de comunidades-cabide, citados por Bauman. Porém, esses sentidos também podem estar presentes em uma análise, pois o analista pode servir como um "cabide" para o sujeito. Como afirma Calligaris (2004), espera-se de uma terapia que ela não transforme a suposição dos pacientes (que o terapeuta saiba bem mais que ela) em uma dependência crônica:

> As definições tradicionais do que é curar, dizem que curar significa restabelecer a normalidade funcional ou, então, levar o sujeito de volta a seu estado anterior à doença. [...] a psicanálise não tem, nem quer ter, uma noção preestabelecida de normalidade. Ou melhor, nosso ideal de normalidade é o estado em que um sujeito se permite realizar suas potencialidades, ou seja, o estado em que nada impede que alguém viva plenamente o que lhe é possível nos limites impostos por sua história e sua constituição. [...] a normalidade definida assim, pode perfeitamente ser o alvo de nossas curas. (pp. 72-73)

O problema é se houver uma acomodação a essa bioidentidade patológica, ou seja, um sentimento de passividade por parte dos sujeitos, de não se engajarem em seu processo de cura. Citando Schwartzman (1999), por exemplo, em seu trabalho, observamos a seguinte afirmação "qualquer *neurótico normal* pode, potencialmente, sofrer uma crise ou período de pânico", desde que encontre, em seus primórdios, uma falha nesse ambiente suficientemente bom. Mas é suficientemente capaz, com um amparo necessário, de sair do quadro sindrômico. Por outro lado, isso pode acontecer no caso de um sujeito que não se engaje em uma psicoterapia ou psicanálise.

Como não tem um sentido médico, no qual a ideia de que "curar seria levar de volta um sujeito ao estado anterior à doença", obviamente uma análise ou psicoterapia não funciona para a exterminação de uma bactéria, por exemplo, ou de um cisto, atos que devolveriam seu corpo ao estado anterior. Mas, afirma Calligaris (2004): "uma psicoterapia é uma experiência que transforma, pode-se sair dela sem o sofrimento do qual a gente se queixava inicialmente, mas a custo de uma mudança. Na saída, não somos os mesmos sem dor; somos outros, diferentes" (p. 73).

Nesse sentido, pensamos que algumas das redes de sociabilidade são terapêuticas, na medida em que podem promover mudanças, abertura para o novo, e até a redescrição do sintoma em direção à cura. Reafirmamos que discutir sobre essas mudanças nos modos de ser e sentir de sujeitos é válido, porque saímos de nossos consultórios e alcançamos mais de perto aquele que sofre.

Então, por que não pensar que – além de ser um meio de certa forma alienante, como certas seitas religiosas, como certas correntes da psicanálise acreditam – em apresentar-se como um instrumento de intervenção muitas vezes eficaz? Ou seja, trata-se de um veículo de que as pessoas participam, aparecem os sujeitos que se filiam às comunidades, e pensamos que pode ser uma interessante maneira para pensarmos em algum tipo de intervenção clínica nesse sentido, no futuro. Algum tipo de intervenção clínica para o que Rabinow denominou de biossociabilidade, os grupos de pertencimento em torno de algum gene, identidades que são criadas em torno da patologia, mas, é um fenômeno que está acontecendo, e o que fazer com esse dado? Podemos pensar em formas clínicas de intervenção em comunidades como estas no futuro?

Pensamos que a clínica psicanalítica bem como o campo da saúde coletiva terá que se debruçar sobre novas formas de sofrimento psíquico e se disponibilizar para diálogos com essas questões clínicas com base em novas formas de sociabilidade que surgem ou estão fadadas ao fracasso, a serem banidas.

As comunidades de autoajuda, sejam presenciais, sejam virtuais, em vez de guetos, podem ser instrumentos mais do que facilitadores nas formas de redescrição de si desses sujeitos. Algumas delas podem exercer a função de ajudar o indivíduo a recompor a sua vida e lidar diferentemente com seu sofrimento psíquico – no caso, o pânico – de forma a que, aos poucos, restabeleça a continuidade do existir outrora perdida.

Temos que ver quais as comunidades estão a serviço de apenas reproduzir o desvio, o lugar do sintoma, e quais são aquelas que abrem espaços que podem ser benéficos ao sujeito, a fim de que ele possa usufruir e vislumbrar, quem sabe, seu existir.

Retomando Winnicott, não é nítida a fronteira entre doença e saúde mental. Quando o sujeito se afirma como membro da comunidade da "*Família panicats*" já é uma metáfora lúdica sobre sua bioidentidade, é uma bioidentidade patológica, mas com possibilidades talvez para uma redescrição da classificação tradicional que está presente no sentido de transtorno. Nesses grupos, é importante mostrar que há uma espécie de resposta a esse tipo de impasse criado, do sujeito do risco, e à apropriação médica do mal-estar, à disponibilidade do sujeito para recorrer a redes de sociabilidade paralelas, e à criação de meios alternativos – como o pertencimento a comunidades virtuais ou presenciais – que são dados pela criatividade subjetiva.

Quando se começa a ter identidade, reconhecimento e proteção, em suma, tudo aquilo que caracteriza o medo do colapso, o medo do *breakdown*, que é o sujeito ser deixado sozinho, sem a resposta apropriada da mãe, segundo a noção de Winnicott, passa a ter um amparo, uma espécie de rede de acolhimento e proteção social.

Trazer essas identidades como formas de reconstrução de si é uma maneira de trazer o pertencimento, estar nessa comunidade é como se "eu pudesse me ver" e "para me ver, busco o meu semelhante". Pode-se afirmar que se trata de uma espécie de narcisismo das pequenas diferenças, porém, mesmo com essa crítica, não se pode negar que é um caminho que mostra a saída para o sofrimento que a experiência da síndrome do pânico pode representar para o sujeito.

Considerações finais

No percurso do livro, procuramos abordar o transtorno de pânico como uma das novas formas de adoecimento psíquico, produzida por mal-estares da contemporaneidade, relacionados às formas de subjetivação do mundo atual. Consideramos o sujeito que sofre de pânico, inserido em determinado ambiente, além de problematizarmos a interface entre a psicanálise e as ciências sociais.

Não foi nossa pretensão tentar deter ou encontrar a chave para desvendar a natureza do pânico nem defender uma etiologia cultural do distúrbio, explanando, por exemplo, que a pós-modernidade – caracterizada principalmente como uma sociedade de risco – causa o transtorno de pânico, porque seria uma formulação tão frágil e insustentável como afirmar que apenas a genética e a amígdala do lobo frontal causam pânico. Tampouco tivemos a intenção de sugerir que o transtorno de pânico é causado, unicamente, por uma interação insuficiente, o que equivale a dizer que não houve o mínimo sentimento de previsibilidade e confiança no ambiente familiar ao qual o sujeito acometido pelo transtorno pertence. Ou seja, não é nosso interesse propor um reducionismo sociocultural ou psicológico em substituição ao reducionismo fisicalista.

Preferimos utilizar "pânicos" no plural, porque entendemos que descrever o transtorno de pânico, por meio de um vocabulário diferente do que se emprega nas ciências biológicas e nas ciências da saúde (a medicina e a psiquiatria), é nos posicionarmos em um saber sobre esse transtorno que se sustenta e é válido, uma vez que se consideram como matriz de análise dos mal-estares das sociedades contemporâneas e das formas de constituição subjetivas que são engendradas com base nesta dinâmica.

Vale retomar a afirmação de que o termo "transtorno de pânico" é fruto de uma criação específica de uma determinada forma de sociabilidade, e referenciado aos significados correntes do termo em um meio cultural próprio. Tomando como âncora a filosofia de Wittgenstein, foi possível buscar metáforas que expliquem o transtorno do pânico à luz de uma rede sociocultural mais ampla sob a qual este emerge.

Disso decorre nossa conclusão do estudo, a de que, embora muitas vezes o diagnóstico de transtorno de pânico – assim como outros diagnósticos em psiquiatria – esteja tão arraigado em nosso imaginário cultural que seja tomado como verdade incontestável, esse termo não se iguala apenas à representação linguística ou mental de um fenômeno corporal objetivo, de forma reducionista, mas trata-se de um fenômeno de linguagem. E como fenômeno de linguagem, *há uma variedade linguística bastante rica e sistematizada para falar em estados de pânico.*

Ao retomarmos a hipótese central de nosso trabalho, a de que, em sociedades caracterizadas como sociedades de risco, como a atual, criamos um cenário cultural que reforça e patrocina modos de subjetivação, os quais se organizam em torno de atributos corporais e biológicos, dando origem a bioidentidades, reafirmamos que o transtorno de pânico se constitui num exemplo específico, no caso da patologia. Este transtorno, assim, deriva dessa maneira de subjetivar-se, corporalmente ancorada, radicada nas redes neurais e na genética, em torno das quais os sujeitos organizam suas identidades.

Em consonância a esta rede discursiva, oferecem-se as técnicas de gerenciamento pessoal e cuidado de si, a exemplo das técnicas psicoterápicas cognitivo-comportamentais, que abrem mão da reflexão intimista, das causas e razões na interioridade dos sujeitos, para uma ênfase que é dada na reestruturação cognitiva, em que se "prescreve uma resignação produtiva com as características do transtorno que não se pode mudar" (Lima, 2004, p. 96).

Ou seja, as novas maneiras de descrições de si que a categoria diagnóstica vem disponibilizando, podem ser ilustradas através de trechos dos discursos de sujeitos em *sites* da internet, como as comunidades, ou em livros de autoajuda, de onde entendemos que

> [...] a potência deste transtorno em dar origem a bioidentidades se deve, em parte, à existência de diversas afinidades entre o perfil subjetivo do indivíduo contemporâneo [...] e os comportamentos ou traços de personalidade ligados ao transtorno", bem como o discurso dos jogos de linguagem tem o recurso de aferirmos a esse transtorno interpretações diversas. (Lima, 2004, p. 124)

Foi possível, então, mediante os depoimentos, identificar os traços do sujeito pós-moderno descritos anteriormente.

Além disso, verificamos como é comum a prática da filiação dos sujeitos "panicados" em redes de sociabilidades (como as comunidades da internet). Embora essas formas de acolhimento, proteção, filiação e pertencimento possam servir de "guetos" cujo discurso é restrito e circunscrito ao diagnóstico, há comunidades em que trocas saudáveis acontecem, na quais é possível se estabelecerem vínculos que propiciem o mínimo de confiança nesses sujeitos, para que eles possam ter a possibilidade de vislumbrar uma melhora de sua condição e restaurar a normatividade perdida. São redes de biossociabilidade que podem lhes tornar possível a continuidade da existência.

Reafirmamos ao longo do texto que – não obstante tenhamos feito uma crítica ao reducionismo fisicalista da psiquiatria biológica – em momento algum acreditamos em uma oposição entre psicoterapia, ou psicanálise e psicofármacos. Não acreditamos em humores que não sejam alterações químicas do nosso cérebro. Como nos mostra Calligaris (2004):

> Hoje, somos capazes de descrever quimicamente algumas emoções, de uma maneira ainda incipiente, mas já relativamente fina. É ótimo, porque isso abre a possibilidade de agir sobre essas emoções.
>
> [...] Ora, é óbvio para qualquer psicoterapeuta que, em muitas situações, é aconselhável tentar modificar o humor do paciente quimicamente. Por exemplo, um paciente deprimido a ponto de não sair da cama e não abrir a boca também não terá a mínima motivação necessária para operar algumas mudanças em sua vida, com ou sem a ajuda de um terapeuta. Uma correção química do nível de serotonina poderá, com um pouco de sorte, permitir que ele encontre as forças para se mexer.
>
> Mas ninguém, com exceção talvez dos acionistas das companhias farmacêuticas, sonha com um mundo em que as causas

> de nossos afetos seriam sistematicamente negligenciadas e nossos humores pacificados com uma contínua intervenção química capaz de impor ao cérebro um equilíbrio ideal. Todos sabemos que, por mais que eu tome a pílula mágica na hora da morte de meu amigo, algum dia terei de enfrentar a dor de um luto. A não ser que decida viver para o resto de minha vida sob anestesia. (pp. 128-130)

Cada descrição introduz a possibilidade de se pensar que existe uma pluralidade de clínicas sobre objetos diferentes. “A conversa entre essas descrições e essas clínicas é de grande interesse” (Calligaris, 2004, pp. 131-132) e abre possibilidades para um rico debate. Como afirma o autor, restaura o normal da saúde psíquica. A saúde mental não é como o normal da saúde física. Após uma experiência psicoterápica, não somos mais os mesmos, mudamos. Acreditamos que é possível discutir para que os ideais sejam ampliados, os sujeitos se defrontem com mais possibilidades sociais e clínicas a seu dispor, em prol da saúde coletiva.

É importante ressaltar que os arranjos subjetivos contemporâneos, organizados em torno da sociedade de risco e das bioidentidades, não vêm substituir os já existentes:

> As modalidades de subjetivação corporal vêm competir, por exemplo, com aquelas ligadas à cultura da interioridade e dos sentimentos, as quais não dão sinais de desaparecimento. Novas combinações entre ambas as matrizes – corporais e internalistas – poderão surgir, de feições ainda não completamente previsíveis. (Lima, 2004, p. 124)

Nossa intenção não é desmontar o saber psiquiátrico atual em nome de um saudosismo do introspeccionismo. Apesar da força do fisicalismo, podemos elaborar uma maneira não reducionista de compreender e dar sentido à necessidade contemporânea de "externalizaçao da subjetividade", de tal modo que poderá repercutir num conjunto de condutas clínicas mais ricas e úteis. Ou seja, o fato de se dar destaque ao corpo e à exterioridade da subjetividade não representa necessariamente a "morte do campo dos valores e redução de tudo aos índices sensoriais da corporeidade" (Lima, 2004, p. 125).

Ademais, observamos que pode ser possível pensar em um redirecionamento de diretrizes políticas e condutas da saúde que vislumbrem melhorias em relação ao que estamos enfatizando como riscos permanentes, ficando o indivíduo à própria sorte no que diz respeito aos cuidados relativos à sua enfermidade. Porém, não é objetivo deste trabalho propor uma volta ao passado. O que nos interessa é propor um desafio sobre a necessidade de discussões que contemplem a sociedade com base nesse ponto de vista; caso contrário, haverá oportunidade de maiores exclusões sociais e mais sujeitos com enfermidades que, em parte, têm sua origem em um ambiente de incerteza crônica permanente. Está claro que não pretendemos esgotar essa questão aqui, porém lançarmos questionamentos, com o propósito de abrir espaço para estudos futuros sobre o tema.

Referências

AMERICAN PSYCHIATRIC ASSOCIATION. *Manual Diagnóstico e Estatístico de Transtornos Mentais* (DSM -IV). Porto Alegre: Artmed, 2002.

BAUMAN, Z. *Globalização:* as consequências humanas. Rio de Janeiro: Jorge Zahar, 1998.

_________. *Modernidade e ambivalência*. Rio de Janeiro: Jorge Zahar, 1999.

_________. *Comunidade:* a busca por segurança no mundo atual. Rio de Janeiro: Jorge Zahar, 2003.

_________. *Identidade:* entrevista a Benedetto Vecchi. Rio de Janeiro: Jorge Zahar, 2005.

_________. *Vida líquida*. Rio de Janeiro: Jorge Zahar, 2007.

BECK, U. *La sociedad del riesgo:* hacia una nueva modernidad. Barcelona: Paidós, 1986.

_________. *Liberdade ou capitalismo:* Ulrich Beck conversa com Johannes Willms. São Paulo: UNESP, 2003.

BERRIOUS, G. *A history of clinical psychiatry:* the origin of psychiatric disorders. New York University Press, 1995.

_________. *The history of mental symptoms:* descriptive psychopathology since the nineteenth century. New York: Cambridge University Press, 1996.

BEZERRA Jr., B. Naturalismo como antirreducionismo: notas sobre cérebro, mente e subjetividade. *Cadernos IPUB*, n. 18, 2000.

________. O lugar do corpo na experiência do sentido: uma perspectiva pragmática. In: BEZERRA, B. & PLASTINO, C. (orgs.) *Corpo, afeto, linguagem:* a questão do sentido hoje. Rio de Janeiro: Contracapa, 2001.

________. O ocaso da interioridade e suas repercussões sobre a clínica. In: PLASTINO, C. A. (org.) *Transgressões*. Rio de Janeiro: Contracapa, 2002.

BIRMAN, J. *O mal-estar na atualidade:* a psicanálise e as novas formas de subjetivação. Rio de Janeiro: Civilização Brasileira, 2001.

CALLIGARIS, C. "Crônicas americanas – 3". *Folha de São Paulo*, 30/01/1994.

________. *Cartas a um jovem terapeuta:* o que é importante para ter sucesso profissional. Rio de Janeiro: Elsevier, 2004.

CECCATO, V. A indústria do medo. *Folha de São Paulo* (Caderno Mais), 21/05/2006.

CLARK, M. Anxiety disorders: social section. In: BERRIOUS, G. (org.) *A history of clinical psychiatry:* the origin of psychiatric disorders. New York: University Press, 1995.

COSTA, J. F. Narcisismo em tempos sombrios. In: *Percursos na História da Psicanálise*. Rio de Janeiro: Taurus, 1988.

________. *Psicanálise e contexto cultural:* imaginário psicanalítico, grupos e psicoterapia. Rio de Janeiro: Campus, 1989.

________. Por uma psicanálise humanamente útil (Entrevista). In: ROPA, D. (org.) *Anuário Brasileiro de Psicanálise*. Rio de Janeiro: Relume-Dumará, v. 1, n. 1, p. 13-23, 1991.

________. O medo social. *Veja 25 anos: reflexões para o Futuro*. São Paulo: Abril, p. 83-89, 1993

________. Pragmática e processo psicanalítico: Freud, Wittgenstein, Davidson, Rorty. In: COSTA, J. F. (org.) *Redescrições da psicanálise:* ensaios pragmáticos. Rio de Janeiro: Relume-Dumará,1994.

________. A cura: do ideal à realidade. *Cadernos de Psicanálise do Círculo Psicanalítico do Rio de Janeiro*, n. 18, p. 34-40, 1996.

________. *Sem fraude nem favor:* estudos sobre o amor romântico. Rio de Janeiro: Rocco 1998.

________. Rumos da Psicanálise. *Percurso*, ano XIII, n. 24, p. 103-105, 2000.

_________. A questão do sentido em psicanálise. In: BEZERRA, B. & PLASTINO, C. (orgs.) *Corpo, afeto, linguagem:* a questão do sentido hoje. Rio de Janeiro: Contracapa, 2001.

_________. *O vestígio e a aura:* corpo e consumismo na moral do espetáculo. Rio de Janeiro: Garamond, 2004.

DELUMEAU, J. *História do medo no ocidente*: 1300-1800, uma cidade sitiada. São Paulo: Companhia das Letras, 1989.

_________. *O pecado e o medo:* a culpabilização no ocidente (séculos XIII-XVIII); v. I e II. Bauru: EDUSC, 2003.

DIAS, E. O. *A teoria das psicoses em D. W. Winnicott.* Tese de Doutorado. PUC-SP, 1998.

_________. Sobre a confiabilidade: decorrência para a prática clínica. *Natureza Humana*, v.1, n.2, p. 283-322, 1999.

DOUGLAS, M. & WILDAVSKY, A. *Risk and culture:* an essay on the selection of technological and environmental dangers. California: University of California Press, 1997.

FERNANDES, M. H. *Corpo.* São Paulo: Casa do Psicólogo, 2003.

FREUD, S. (1894-5) Sobre os fundamentos para destacar da neurastenia uma síndrome específica denominada “neurose de angústia”. *Edição Standard Brasileiras das Obras Psicológicas Completas.* Rio de Janeiro: Imago, 1987; v. III.

_________. (1921) Psicologia das massas e análise do eu. *Op. cit.*, v. XVIII.

_________. (1925-26) O mal estar na cultura. *Op. Cit.*, v. XX.

_________. (1925-6) Inibições, sintomas e angústia. *Op. cit.*, v. XX.

FUREDI, F. *Culture of fear:* risk-taking and the morality of low expectation. London: Continuum, 2002.

GIDDENS, A. *As consequências da modernidade.* São Paulo: UNESP, 1991.

GLASSNER, B. *Cultura do medo.* São Paulo: Francis, 2003.

GURFINKEL, D. O colapso do sonhar. In: FUKS, L.B. & FERRAZ, F.C. (orgs.). *Desafios para a psicanálise contemporânea.* São Paulo: Escuta, 2003.

HEALY, D. Psychopharmacology at the interface between the market and the new biology.

In: *The new brain sciences: perils and prospects*. Edited by Dai Rees and Steven Rose, 2004.

KAPLAN, H. *Compêndio de Psiquiatria:* ciências do comportamento e psiquiatria clínica. Porto Alegre: Artes Médicas, 1997.

KEHL, M. R. *Elogio ao medo*. Palestra conferida no Congresso Internacional do Medo (organizado por Adauto Novaes). Rio de Janeiro, 2004.

__________. Muito além do espetáculo. In: NOVAES, A. (org.). *Muito além do espetáculo*. São Paulo: Senac São Paulo, 2005.

KON, N. M. Apresentação do tema. In: FUKS, L. B. & FERRAZ, F. C. (orgs.) *Desafios para a psicanálise contemporânea*. São Paulo: Escuta, 2003.

LE BRETON, D. *Adeus ao corpo:* antropologia e sociedade. Campinas: Papirus, 2003.

LEITE, M. Hipocondria de resultados. *Folha de São Paulo* (Caderno Mais), 23/04/2006.

LIMA, R. C. *A construção contemporânea de bioidentidades:* um estudo sobre o transtorno de déficit de atenção / hiperatividade (TDA/H). Dissertação de Mestrado. Instituto de Medicina Social da UERJ, 2004.

LUPTON, D. *The imperative of health:* public health and the regulated body. London: Sage, 1995.

LUZ, M. T. Risco, perigo e aventura na sociedade da (in) segurança: breve comentário. Debate sobre o artigo de Mary Jane Spink. *Cadernos de Saúde Pública*, v. 17, n. 6, 2001.

MARINA, J. A. & PENAS, M. L. *Diccionario de los sentimientos*. Barcelona: Anagrama, 1999.

MENEZES, L. *Pânico:* efeito do desamparo na contemporaneidade. São Paulo: Casa do Psicólogo / FAPESP, 2006.

MEZAN, R. Artigo publicado na revista *Veja*. dezembro de 2000.

__________. *O espelho embaçado. Folha de São Paulo*, (Caderno Mais), 21/05/2006.

ORGANIZAÇÃO MUNDIAL DA SAÚDE. *Classificação de transtornos mentais e de comportamento da CID-10:* descrições clínicas e diretrizes diagnósticas. Porto Alegre: Artmed, 1993.

ORTEGA, F. Da ascese à bio-ascese, ou do corpo submetido à submissão do corpo. In: RAGO, M.; ORLANDI, L.; VEIGA-NETO, A. (orgs.)

Imagens de Foucault e Deleuze: ressonâncias nietzschianas. Rio de Janeiro: DP&A, 2002.

PEREIRA, M. E. C. *Contribuição à psicopatologia dos ataques de pânico.* São Paulo: Lemos, 1997.

________. *Pânico e desamparo.* São Paulo: Escuta, 1999.

PROCÓPIO, D. *Medeia:* análise de um caso à luz da teoria do amadurecimento humano de Winnicott. Tese de Doutorado. PUC-SP, 2006.

RODRIGUES, L. *Bioidentidade e envelhecimento na contemporaneidade.* Projeto de qualificação de Mestrado. Instituto de Medicina Social da UERJ, 2005.

RABINOW, P. *Antropologia da razão.* Rio de Janeiro: Relume-Dumará, 1999.

RORTY, R. Solidariedade ou objetividade? In: *Objetivismo, relativismo e verdade.* Rio de Janeiro: Relume-Dumará, 1997.

ROUDINESCO, E. & PLON, M. *Dicionário de psicanálise.* Rio de Janeiro: Jorge Zahar, 1998.

SANTOS, L. O. *As linguagens do medo: suas configurações na contemporaneidade.* Dissertação de Mestrado. Instituto de Medicina Social da UERJ, 2001.

________. *"Transtorno de pânico":* um estudo sobre as matrizes sociais de seu surgimento: a sociedade do risco e a construção contemporânea de bioidentidades. Tese de Doutorado. Instituto de Medicina Social da UERJ, 2007.

SCHWARTZMAN, R. Síndrome do pânico: uma escuta psicanalítica. *Percurso,* ano IX, n. 18, p. 87-96, 1997.

SFEZ, L. *A saúde perfeita:* crítica de uma nova utopia. São Paulo: Loyola, 1996.

SPINK, M. J. Trópicos do discurso sobre risco: risco-aventura como metáfora na modernidade tardia. *Cadernos em Saúde Pública* (on line), n. 17, 2001, p. 1277-1311. Acesso em 26 mar. 2007.

________. *O risco como aventura:* a "outra" face da biossegurança. Fórum de Debate: Avaliação de Risco - Construção de indicadores. Seminário Internacional de Biossegurança em saúde. Agência Nacional de Vigilância Sanitária/Ministério da Saúde e Fiocruz. São Paulo, 2005.

VERZTMAN, J. S. *Tristeza e depressão:* pensando nos problemas da vida. Petrópolis: Vozes, 1995.

WANDERLEY, A. *A distimia e a construção do indivíduo insuficiente:* um estudo sobre a depressão na contemporaneidade. Dissertação de Mestrado. Instituto de Medicina Social da UERJ, 2000.

WINNICOTT, D. (1967) O conceito de indivíduo saudável. In: *Tudo começa em casa*. São Paulo: Martins Fontes, 1989.

________. (1945) Da teoria do instinto à teoria do ego. In: *Natureza humana*. Rio de Janeiro: Imago, 1990.

________. (1963) O medo do colapso (*breakdown*). In: Explorações psicanalíticas. Porto Alegre: Artes Médicas Sul, 1994.

WITTGENSTEIN, L. Investigações filosóficas. *Os Pensadores*. São Paulo: Nova Cultural, 1996.

Coleção Clínica Psicanalítica
Títulos publicados

A cena hospitalar: psicologia médica e psicanálise
Alfredo Simonetti

Acompanhamento terapêutico
Maurício Porto

Acontecimento e linguagem
Alcimar Alves de Souza Lima

Adicções
Decio Gurfinkel

Adoção
Gina Khafif Levinzon

Adolescência
Tiago Corbisier Matheus

Amor e fidelidade
Gisela Haddad

Anomia
Marilucia Melo Meireles

Autismo
Ana Elizabeth Cavalcanti, Paulina Schmidtbauer Rocha

Autorização e angústia de influência em Winnicott
Wilson Franco

Borderline
Mauro Hegenberg

Cena incestuosa
Renata Udler Cromberg

Cidade e subjetividade
Flávio Carvalho Ferraz

Clínica da exclusão
Maria Cristina Poli

Clínica do continente
Beatriz Chacur Mano

Clínica do trabalho
Soraya Rodrigues Martins

Complexo de Édipo hoje?
Nora B. Susmanscky de Miguelez

Consultas terapêuticas
Maria Ivone Accioly Lins

Corpo
Maria Helena Fernandes

Crise pseudoepiléptica
Berta Hoffmann Azevedo

Crítica à normalização da psicanálise
Mara Caffé

Demências
Delia Catullo Goldfarb

Depressão
Daniel Delouya

Desafios para a técnica psicanalítica
José Carlos Garcia

Desamparo
Lucianne Sant'Anna de Menezes

Disfunções sexuais
Cassandra Pereira França

Distúrbios do sono
Nayra Cesaro Penha Ganhito

Ecos da clínica
Isabel Mainetti de Vilutis

Emergências psiquiátricas
Alexandra Sterian

Ensaios psicanalíticos
Flávio Carvalho Ferraz

Entrevistas preliminares em psicanálise
Fernando Rocha

Epistemopatia
Daniel Delouya

Escritos metapsicológicos e clínicos
Ana Maria Sigal

Esquizofrenia
Alexandra Sterian

Estresse
Maria Auxiliadora de A. C. Arantes, Maria José Femenias Vieira

Fairbairn
Teo Weingrill Araujo

Famílias monoparentais
Lisette Weissmann

Ferenczi
Teresa Pinheiro

Fobia
Aline Camargo Gurfinkel

Hipocondria
Rubens Marcelo Volich

Histeria
Silvia Leonor Alonso, Mario Pablo Fuks

Idealcoolismo
Antonio Alves Xavier, Emir Tomazelli

Imitação
Paulo de Carvalho Ribeiro e colaboradores

Incestualidade
Sonia Thorstensen

Inconsciente social
Carla Penna

Infertilidade e reprodução assistida
Marina Ribeiro

Linguagens e pensamento
Nelson da Silva Junior

Morte
Maria Elisa Pessoa Labaki

Narcisismo e vínculos
Lucía Barbero Fuks

Neurose e não neurose
Marion Minerbo

Neurose obsessiva
Rubia Delorenzo

Neuroses atuais e patologias da atualidade
Paulo Ritter

Neurose traumática
Myriam Uchitel

Normopatia
Flávio Carvalho Ferraz

Orientação profissional
Maria Stella Sampaio Leite

O tempo, a escuta, o feminino
Silvia Leonor Alonso

Paranoia
Renata Udler Cromberg

Perversão
Flávio Carvalho Ferraz

Pós-análise
Yeda Alcide Saigh

Problemas de linguagem
Maria Laura Wey Märtz

Problemáticas da identidade sexual
José Carlos Garcia

Psicanálise da família
Belinda Mandelbaum

Psicanálise e educação
Maria Regina Maciel

Psicanálise e música
Maria de Fátima Vicente

Psicopatia
Sidney Kiyoshi Shine

Psicossomática
Rubens Marcelo Volich

Psicoterapia breve psicanalítica
Mauro Hegenberg

Psicoterapia breve psicanalítica de casal
Mauro Hegenberg

Psicoterapia de casal
Purificacion Barcia Gomes, Ieda Porchat

Este livro foi composto com tipografia Freight Text Pro
e impresso em papel Luxcream 70g. na Gráfica Formato.